教育部人文社会科学研究规划项目成果(项目号:11YJA790148)

【经济学学术前沿书系】

理性疏忽框架下的经济周期理论研究

王军 等◎著

经济日报出版社

图书在版编目（CIP）数据

理性疏忽框架下的经济周期理论研究／王军等著

. -- 北京：经济日报出版社，2016.9

ISBN 978－7－5196－0014－3

Ⅰ. ①理… Ⅱ. ①王… Ⅲ. ①经济周期理论－理论研究 Ⅳ. ①F037

中国版本图书馆 CIP 数据核字（2016）第 228181 号

理性疏忽框架下的经济周期理论研究

作　　者	王　军等
责任编辑	杨　岫
校　　对	徐建华
出版发行	经济日报出版社
地　　址	北京市西城区白纸坊东街 2 号（邮政编码：100054）
电　　话	010－63567683（编辑部）
	010－63516959　83559665（发行部）
网　　址	www.edpbook.com.cn
E － mail	edpbook@126.com
经　　销	全国新华书店
印　　刷	北京九州迅驰传媒文化有限公司
开　　本	710×1000 毫米　小 16 开
印　　张	9.5
字　　数	149 千字
版　　次	2016 年 10 月第一版
印　　次	2016 年 10 月第一次印刷
书　　号	ISBN 978－7－5196－0014－3
定　　价	38.00 元

前　言

在当代经济学理论体系中，对于经济周期问题的认识与研究长期以来都是重要的学科基础问题，不同时代、不同流派的许多经济学家提出了纷繁复杂的学说与理论。21世纪初，新凯恩斯主义的代表人物克里斯托夫·西姆斯（Christopher Sims）提出了理性疏忽（Rational Inattention）的假说、理论与分析方法，研究决策者如何对注意力这种稀缺资源进行分配，认为决策者的信息处理能力是有限的，在面对复杂的经济环境和不同的状态变量时，必须对其进行分配。近年来，理性疏忽理论的分析领域不断拓展，在经济周期、经济增长等问题的研究中也表现出强大的分析能力，对主流的真实经济周期理论进行了全方位的发展，有效地提高了经济周期理论的解释能力。

为了追踪当代经济周期理论的前沿进展，我们完成了教育部人文社会科学研究项目《理性疏忽框架下的经济周期理论研究》（项目号：11YJA790148），对理性疏忽假说下的经济周期理论进行了较为全面的剖析与梳理，本书就是作者主持的这一项目的最终研究成果。

本研究在占有大量前沿文献的基础上，采用理论研究与实证分析相结合的研究方法，系统研究了西姆斯等经济学家的理性疏忽思想，剖析其基本内涵、分析方法及其对经济学研究的贡献，并系统阐述了理性疏忽下的经济周期理论，最后结合中国实际做出了适用性分析，并对中国具体的经济周期与经济增长问题进行了实证研究。

本书除绪论外包括七个章节：

前四章为主体理论部分。第一章对当代新凯恩斯主义的理性疏忽与粘性信息理论进行了系统的梳理，着重从理论发展脉络上对理性疏忽理论的产生及其发展进行了系统的综述。第二章重点阐述了理性疏忽理论的代表人物，2011年诺贝尔经济学奖得主克里斯托弗·西姆斯的基本思想与观点，评介了其理性疏忽理论在经济学研究中的应用价值，认为这一理论将信息处理能力的约束纳入经济分析之中，用一个统一的分析框架解释经济主体的粘性选择行为，克服了传统完全理性假说的非现实性问题，在微观经济行为、宏观经济政策、经济周期等领域的研究中可以广泛应用。第三章、第四章阐述了具有信息处理约束的经济周期与增长模型，并从建模思想方法的角度研究理性疏忽理论对于真实经济周期理论的发展，并以理性疏忽假说在 RBC 模型中的应用为切入点，对经典理性疏忽经济周期模型进行了评析，剖析了这一模型的理论适用性。

后三章为实证研究部分。第五章的主题是理性疏忽与粘性信息背景下的最优货币政策研究，还验证了粘性信息模型对中国状况的解释能力，得出了粘性信息模型和中国数据拟合良好，从而进一步验证了模型在中国的适用性。第六章着重从实证角度探讨了中国东、中、西部地区经济周期性波动的差异，采用实证分析方法，对我国东部、中部、西部地区经济周期波动特征进行了研究，探讨劳动与资本对这三个区域经济波动的影响。结果表明，近年来三个地区经济周期性波动有趋同的趋势。此外资本变化对于经济波动的影响，东部地区要高于中西部地区，而人力资本对于经济波动的影响，东部地区与中部地区基本一致，但高于西部地区。第七章分析了制度变迁对于中国经济增长的影响，构建了由制度、劳动、资本三种因素共同决定的技术内生化的宏观生产函数。计算出该生产函数下的经济增长率，发现稳态的经济增长率取决于制度修正系数、人口增长率以及制度与劳动在宏观生产函数中的贡献率。要实现稳定持续的经济增长，必须保持改革的动力，实行规则化的制度变迁。

本书是项目组合作研究的结果，也是对各位成员付出的艰辛与努力的一次总结。各章的作者分别为：绪论、第一章，王军、沈少博；第二章，王军；第三章，李振萍；第四章，王军、丁玲；第五章，刘翏；第六章，王军、束笛；第七章，王军、邹广平、石先进。全书由王军负责总纂。

本项目的顺利实施以及本书的最终出版，得到了教育部人文社会科学规划基金的资助，在此深表谢意。此外，还需要特别感谢经济日报出版社胡子清编审、首都经济贸易大学徐雪教授对本书出版的大力支持。由于理性疏忽假说下的经济周期理论是一个仍在不断发展着的前沿理论，由于能力有限，我们的研究还有很多不足之处，敬请各位学者专家指正。

目　录

绪　论

一、选题的背景和意义

经济波动是宏观经济学研究的主要问题之一。改革开放以来，伴随着中国的高速发展过程，经济呈现出明显的波动特征，并且随着经济体制转轨和发展模式的转换，中国经济波动也在20世纪90年代后出现了新特征以及新的形成机制。由于经济波动会威胁到经济增长和经济系统的稳定性，给社会福利带来负面影响，因此，在新环境、新阶段下准确刻画经济波动的特征，研究经济波动的形成原因，以及对政策效果和未来经济波动走向进行模拟和预测具有必要性。

然而，主流经济学对经济问题的研究，往往都是以完全理性为假设前提。这种完全信息处理能力的假设过于完美，与现实情况之间存在很大差距，导致一些经济模型对现实的解释能力薄弱。近年来，新凯恩斯主义者提出了"理性疏忽"假说，即经济主体处理信息的能力有限，只能将有限的注意力进行最优的分配，不再处理全部信息，而是理性地选择处理部分信息。目前，大量研究已将理性疏忽假说应用于宏观经济模型中，并较好地解释了宏观变量的动态特征所表现出的粘性行为以及经济周期的不对称性。例如，经济主体处理信息能力存在限制，使得其对经济体中各种变化的反应存在滞后性，从而可以解释经济变量动态特征表现出的粘滞性；理性疏忽所隐含的注意力分配问题，则可以解释经济周期的不对称性；并且，这一假说的引入改变了原来模型的冲击扩散机制，从而使不同变量的易变性以及变量间的共动性产生新的变化。可见，理性疏忽假说是对理性人假说的重要修正，使以此为基础的经济模型更贴近现实情况。

综上所述，将理性疏忽假说纳入我国经济波动和政策效果的研究中，既是对西方经济理论前沿的追踪探索，又是以新的方法和视角来分析我国的宏观经济波动情况，试图更有效地解释我国宏观经济变量的波动特征，探索各变量面对经济政策冲击的反应路径和程度，进一步了解宏观经济政策的调控机制和实施效果，这对实现我国经济稳定发展具有重要意义。

二、研究文献综述

（一）国内外经济周期理论文献综述

西方的经济周期理论虽然产生时间甚早，但一直没有形成独立的理论体系，经济周期理论通常以不同学派理论体系的组成部分或附属内容的形式存在。有关经济周期的理论观点庞杂而缺乏系统性。比较有影响力的主要有货币经济周期理论和实际经济周期理论。

在20世纪早期，经济周期被视为宏观经济研究的中心问题。经济周期理论旨在研究经济活动周期性扩张和收缩的原因、性质与后果。从经济周期理论流派的演变过程看，20世纪30年代的大萧条使凯恩斯主义经济学取得正统地位，对经济周期的研究更注重货币条件以及厂商和家庭的心理因素，经济研究集中于如何应用各种政策去影响均衡产量水平。在对经济周期的解释上，货币主义者认为总需求的不稳定是经济周期产生的主要原因，他们认为总需求不稳定是货币供给不稳定造成的，将经济周期波动完全或主要归结为货币数量的变动。现代货币学派代表了对早期的纯货币理论的基本观点的回归，包括源自交易方程式"$MV = PQ$"的货币数量论的重新考察。货币学派单纯利用货币因素重新解释20世纪30年代大萧条的起因，并坚持认为货币供给上的变化，即货币冲击是诱发经济波动的主要原因，大多数可以观测到的经济波动均是由货币政策变化造成的。因此货币学派强调若要使经济稳定运行，将货币供给增长率控制在某个长期固定的水平上是其充分必要条件，这体现了货币学派"唯有货币最重要""经济波动是'美元在跳舞'"的理论观点。

货币主义者一个重要的命题是：总需求能在短期内影响产出和就业，但在长期内产出和失业率同总需求无关。他们认为，在长期中，经济社会的总产出由许多实际因素决定，包括技术进步、劳动供给、投资和制度创新等，短期内的总需求变化的确可以影响产出，形成经济波动。弗里德曼（Friedman）和（Schwartz）施瓦茨合著的《美国货币史（1867－1960）》

和他们出版的一系列书籍和文章，展现了货币数量、经济行为和价格水平在的逻辑关系。他们的研究成果表明，在短期中，由于人们存在货币幻觉，货币当局政策的不稳定导致了总需求的波动，从而引起了经济的不稳定，实际产出与充分就业产出水平出现偏离。

20 世纪 70 年代主要市场经济国家结束了持续增长的黄金期，衰退开始蔓延，宏观经济计量模型无法再对现实给予满意的解释。此时，以卢卡斯和萨金特领导的“理性预期革命”为契机，人们又开始重新重视经济周期问题的研究。在此之后，经济学家意识到实际供给面冲击的重要性，开始尝试用实际因素去解释经济周期波动，用真实的技术冲击来代替货币等名义冲击，也因此促成了真实经济周期理论的诞生。

20 世纪 80 年代以来，在理性预期学派的基础上，挪威经济学家芬恩·基德兰德和美国经济学家爱德华·普雷斯科特等提出了真实经济周期理论（Real Business Cycle，简称 RBC），并因此而共同获得了 2004 年度诺贝尔经济学奖。他们考察实际经济，强调是由经济活动中以技术变动为代表的随机实际因素导致了经济的周期性波动，而不是货币等名义因素，属于典型的外生冲击理论。该理论认为：最初的经济波动来源是外生的，波动的根源为实际变量，而非名义变量。所谓实际变量的冲击，包括个人偏好的变化、政府需求的变化等来自需求方面的冲击，但更重要的是技术进步、生产要素供给变动等来自供给方面的冲击，RBC 理论强调供给的主导作用，其核心是资本积累的新古典增长模型，这被作为理解经济波动和经济增长的基准模型。RBC 理论认为，引起经济增长的那些经济力量带来了经济的波动，即供给冲击是产生波动的最主要根源。RBC 理论认为，经济系统频繁受到影响产出的外生冲击，考虑追求效用最大化的代表性经济行为，人对经济环境中随机冲击因素作出的动态反应，对这些冲击的最优反应导致了消费、投资和产出等与原来稳态值的偏离。

基德兰德与普雷斯科特两人共同开创的真实经济周期理论取得了巨大成功，其创造的动态随机一般均衡（Dynamic Stochastic General Equilibrium，简称 DSGE）方法亦成为目前宏观经济研究的主流方法。真实经济周期理论的主要观点是：技术冲击等真实因素是造成经济周期性波动的根源，经济波动依赖于扩散机制，资本积累及劳动跨期替代弹性具有重要作用。经济波动是一种帕累托最优调整，它是理性预期的经济主体在面对技术冲击时做出的最优反应的结果。所以，经济系统在任何时期都处于均衡状态，试图稳定经济波动而进行的政府干预是无效的。

在真实经济周期模型中没有市场失灵，也没有货币因素，也不需要政府进行宏观经济管理。考虑到基本模型（K－P模型）的极端假设使其难以解释与劳动市场有关的特征事实，一些学者逐步放宽假设，改善基本模型。汉森（Hansen）（1988）建立了不可分劳动的RBC模型，使人们只能在全职工作和失业之间做出选择，以使工时数的全部变化由就业人数而非人工调整决定。汉森模型模拟的外生技术冲击参数比较小，模型结论与实际的工作时间数据更加接近，但与劳动的平均产出数据匹配性较差。Burnside，Eichenbaum和Rebelo（1993）在RBC模型中引入劳动窖藏，假定工人必须事先决定在下一个时期工作多少时间，在本期只能改变工作强度。劳动窖藏模型会导致劳动有效供给的波动，与基本模型相比会降低生产率与劳动的相关性，并能够解释产出的动态特征，使技术冲击高估的问题得以解决。

King et al（1988）和Greenwood et al（1988）引入投入要素的利用率，对劳动跨期替代之外的传播机制进行研究，建立以资本积累为内生传导机制的RBC模型。Greenwood、Hercowitz和霍夫曼（Huffman）（1988）发现某些冲击不直接影响当期产出，但会影响当期投资的期望收益。资本可变设备利用率的引入可以降低对劳动跨期替代弹性的依赖。

进入20世纪90年代后，不少学者引入了新的冲击源，而不再将技术看成经济波动的唯一源泉。Christiano和1992引入政府购买冲击，使产出的波动幅度有所提高，却并没有显著改善内生传导机制。Baxter和King（1993）在模型中同时加入了政府购买和扭曲性税收两种财政政策冲击，使得消费和劳动时间的波动性有所改善，模型解释力有了较大提高。还有学者将货币冲击引入RBC模型中，并且只有与价格或工资刚性结合时，货币冲击影响才较大。Smets和Wouters（2003）的研究显示货币冲击无法单独引起经济波动，但可以提高模型的解释力。

真实经济周期理论的研究在国外非常丰富，我国学者在真实经济周期理论方面的研究起步较晚，但研究正逐步深入。卜永祥和靳炎（2002）用相对简单的RBC模型解释中国经济，通过将技术冲击和货币当局的货币政策冲击引入模型，并计算基德兰德—普雷斯科特方差比率，认为技术冲击可以解释中国经济波动的76%。龚刚（2003）认为RBC模型以市场出清一般均衡为假设前提，这将影响模型在实证分析中的有效性。他对RBC模型的求解和检验方法做了较全面的介绍。陈昆亭、龚六堂、邹恒甫（2004）在基本RBC模型中引入人力资本，对我国1952—2001年的经济数据进行了模拟研究。黄赜琳（2005）构建了包含政府部门的RBC模型，分析技术冲击与财政政策冲击对宏观经济波动的影响。研究结果显示，技术冲击和政府支出冲击可以对70%以上的中国经济波动特征做出解释。但是，其对与消费相关的变量进行了特殊处理，使模型合理性下降。陈昆亭、龚六堂（2006）构建了包含内生货币和粘滞价格机制的RBC模型，模型对产出的粘滞性和波动性的模拟结果与事实经济情况非常接近，但对通货膨胀和就业水平的模拟与实际偏差较大。耿强、江飞涛和傅坦（2011）在RBC模型中加入产能利用率，在经济波动和产能过剩之间建立联系。该文强调政策性补贴是造成产能过剩的主要原因，其也是宏观经济波动的重要影响因素。

通过上述文献综述可以看出，虽然RBC理论在新古典增长模型的基础上引入外生随机冲击，已经成功地解释了一些基本的商业周期事实，但基本RBC模型也存在明显不足。在实证分析中，RBC模型与实际数据拟和不是很好，且绝大多数RBC模型不能解释产出的动态特征，进而无法解释大多数主要的宏观经济时间序列的周期模式；此外，RBC模型的传导机制微弱，产出的周期主要由外生的技术冲击驱动。因此，对基本RBC进行扩展与改进，增强对实际经济的解释力，正是当前学者不断努力的方向。

（二）理性疏忽理论文献综述

新凯恩斯主义学派认为价格和工资具有粘性，市场无法立即出清，而是存在缓慢调整的过程。为了解释经济中普遍存在的“粘性”现象，不完全信息理论应运而生。Mankiw和Reis（2002，2006）提出的粘性信息理论强调，并非所有人都依据最新信息而决策，在时间和资源的制约下，经济主体交错更新信息。Sims着重探索粘性信息产生的根源，开创性地提出理性疏忽假说。Sims（1998，2003）阐述了理性的疏忽的内涵，并以信息论为基础，将经济主体有限的注意力转化为受约束的信息流，构建了理性疏忽线性二次高斯（LQG）最优控制框架。Sims（2006）以消费—储蓄决策为例，给出了更加一般化的两时期理性疏忽模型。此模型超越了 LQG 框架，信息处理能力约束采取了非线性的模式，最优分布也不局限于预先设定的高斯分布，而是由模型的目标函数决定。此后，理性疏忽理论被众多经济学家所接受，并被纳入各种理论模型，用于探讨有限信息处理能力如何影响消费者、企业和投资者做出最优决策，以及其所蕴含的均衡条件和政策含义。Luo（2008）和 Tutino（2009）着重研究固定利率下的消费—储蓄决策。Ma′ckowiak 和 Wiederholt（2009），以及 Matejka（2010）则更加关注微观行为，对厂商的定价决策进行了深入分析。Batchuluun，Luo 和 Young（2008）探讨了效用函数为相对风险规避型（CRRA）形式的理性疏忽主体在两时期内的投资组合决策。

理性疏忽理论在真实经济周期模型的应用上也取得了丰硕的成果，如 Luo 和 Young（2009）将 Sims（2003）提出的理性疏忽假设和拥有永久技术冲击的随机增长模型相结合，以考察这种模型能否弥补标准 RBC 模型的缺陷——不考虑内部传导机制，以及不能解释经济变量的粘性特征。研究结果表明，对于由信息约束造成的内生需求冲击，消费波动性有所提高。但是，将理性疏忽作为唯一内部传导因素不足以解释标准 RBC 模型遗留下的问题。只有当经济主体无法区分异质冲击和总冲击时，理性疏忽才会产生明显的内生传导效应。Martins 和 Sinigaglia（2009）将 RBC 理论与理性疏忽模型相结合，考虑了不确定性的多种来源，将信息摩擦作为一种内生调整，并采用 Sims 提出的线性二次方程，将理性疏忽转化为传统的信号提取问题。理性疏忽使消费的波动性以及其与产出的同期相关性增加，同时降低了投资和工作时间在上述两方面的表现，这是对基本 RBC 模型的改进。Menkulasiy（2009）以 Mackowiak 和 Wiederholt（2009）的模型为基础，解释美国经济发展中出现的“大稳健”现象。Batchuluun（2009）将理性疏忽假说应用于标准的两时期劳动供给模型，考察家庭做出的消费—储蓄、劳动—闲暇决策。信息处理能力有限的经济主体无法观察到真实的财富和工资状态，从而无法依据它们做出精准决策。结果，由于不知道当前到底处于何种工资水平，劳动—闲暇决策与工资的相关性减弱，并且财富和工资的未来不确定性也对劳动供给决策产生了重要影响。

上述文献，都采用了相对简单的方法，将理性疏忽引入以“社会计划者”方式建模的真实经济周期经济模型，并且没有考虑名义变量的波动性。以后的学者，在 Sims（2003）所阐述的信息结构基础上，进一步将理性疏忽与宏观经济模型相结合的方式扩展，并将理性疏忽延伸到微观个体层面，在新凯恩斯主义的动态随机一般均衡（DSGE）模型下考察名义变量的波动性以及货币政策和财政政策的执行效果。

Mackowiak 和 Wiederholt（2009）首次建立了理性疏忽的动态随机一般均衡模型，研究货币政策冲击对经济变量的影响。在这个模型中家庭和厂商决策者都拥有有限注意力并决定如何分配，央行按泰勒规则制定名义利率，有限的注意力是经济变量粘性特征的唯一原因。研究结果显示，在理性疏忽条件下，名义价格水平对货币政策冲击的反应十分缓慢，对全要素生产率冲击的反应稍快，但对微观层面上的异质性冲击反应速度十分迅速。同时，消费对货币政策的冲击反应也很缓慢。这说明无论厂商还是家庭对货币政策的关注度都小于其它方面，因为技术或微观异质性冲击的易变性要大于货币政策的易变性。最后，将理性疏忽模型和 Calvo 模型进行了对比，认为理性疏忽可以代替粘性价格和行为惯性，作为经济变量存在粘性特征的原因。Paciello（2011）以 Mackowiak 和 Wiederholt（2009）所提出的模型为基础，认为除了各种冲击的易变性不同会影响经济主体的注意力分配外，价格水平的动态特征更主要取决于货币政策，即利率反馈规则会影响经济体的注意力分配。政策对预期到的通胀和产出波动反应越快，越会诱导厂商给予易变性大的变量以更多关注，从而放大了价格水平对技术冲击和货币政策冲击反应的差异。Dworczak（2011）也将 Mackowiak 和 Wiederholt（2009）的模型进行扩展以研究财政政策，并引入了注意力动态分配的概念。认为在注意力呈动态分配的条件下，当财政冲击很小时，挤出效应也很微弱并且财政乘数接近于“1”；而当政府支出非常大时，挤出效应也会变大，并且乘数显著地小于“1”。

总之，理性疏忽经济周期模型的预测结果比基本 RBC 模型有了显著改进，为真实经济周期理论的研究提供了新的方向，值得我国在经济周期的深入研究中借鉴。

三、本研究的创新与研究方法

1. 理性疏忽假说是对传统理性经济人假说的一个重大修正，这一理论以现代信息论为分析工具，关注经济主体在获取、吸收、处理信息方面的成本，关注经济主体间信息能力的差别，使得经济主体的行为更趋向现实，在此基础上建立的宏观经济模型的微观基础也更加坚实。基于理性疏忽假说的经济波动与经济周期理论，重视经济主体实际心理与行为的差异，有效地解释了宏观经济各变量在时间过程中的变动性，克服了真实经济周期理论仅关注技术冲击的局限性，是宏观经济学发展的一个重要方向。本研究的创新点体现在，放弃以往的西方经济学研究中完全理性的前提，从一个全新的角度进行理论研究。详细分析纳入信息处理能力约束的RBC 模型，研究其建模思路和求解方法，总结出理性疏忽对标准 RBC 模型进行扩展的成果。同时，本文也将理论与实际相结合，以理性疏忽理论对经济周期中的相关现象进行解释，并总结了理性疏忽理论下的政策含义。

2. 鉴于国内对理性疏忽的经济周期理论研究基本属于空白，本课题对这一新的、重要的宏观经济理论进行全面、系统、深入的研究，有助于我们密切追踪西方经济理论的前沿发展，深化对经济周期问题的认识，同时为决策部门反周期的经济实践提供可借鉴的理论。

四、本书的基本框架

本书除绪论外包括七个章节：第一章对当代新凯恩斯主义的理性疏忽与粘性信息理论进行了系统的梳理，着重从理论发展脉络上对理性疏忽理论的产生及其发展进行了系统的综述；第二章重点阐述了理性疏忽理论的代表人物 2011 年诺贝尔经济学奖得住克里斯托夫·西姆斯的基本思想与观点，评价了其理性疏忽理论在经济学研究中的应用价值；第三章阐述了具有信息处理约束的经济周期与增长模型；第四章着重从建模思想方法的角度研究理性疏忽理论对于经济周期理论的发展；第五章的主题是理性疏忽与粘性信息背景下的最优货币政策研究；第六章着重从实证角度探讨了中国东部、中部、西部地区经济周期性波动的差异；第七章分析了制度变迁对于中国经济增长的影响。

第一章　新凯恩斯主义理性疏忽与粘性信息思想

一、引言

新古典经济学假定价格灵活波动，市场自动出清。与其相反，任何凯恩斯主义的经济理论都认为价格具有刚性或粘性，其调整是缓慢的。自20世纪80年代起，新凯恩斯主义经济学家提出了一系列精准的模型来解释工资与价格的粘性现象，如：解释工资粘性的相对工资理论、长期合同与交错工资调整理论（Fisher，1977；Taylor，1980）；解释价格粘性的交错调整价格模型、菜单成本模型和近似理性模型等（Taylor，1999；Mankiw、Akerlof、Yellen，1985），为凯恩斯主义理论找到了与经济学主流分析范式相一致的微观基础。然而价格粘性模型并不能产生良好的动态性质，无法说明通货膨胀惯性，也不能对加速原理进行清晰的阐释（Mankiw，2002），因而经济学家进一步从多方面对新凯恩斯主义模型加以改造和发展。2002年新凯恩斯主义学派的中坚人物著名经济学家Mankiw和Reis等人提出了粘性信息的菲利普斯曲线模型（Sticky Information Phillips Curve），以信息在经济主体间的缓慢传播为基础假设，分析价格的动态调整，认为与传统的粘性价格模型相比，粘性信息模型对货币政策的描述更为准确，可以准确地说明货币政策对通货膨胀作用的延迟；Mankiw和Reis（2006）进一步建立了具有粘性信息的一般均衡理论模型，指出商品、劳动与金融市场中所存在的刚性，本质上是由于人们在确定价格、工资与消费时疏于更新信息即信息粘性所致，Sims（2003）则从信息论的角度，阐释了粘性信息的行为基础。Woodford（2003，2008）、Reis（2009a，2009b）采用粘性信息分析方法，研究宏观经济政策的后果。

粘性信息理论代表了新凯恩斯主义经济理论的前沿进展，也是西方经济学发展的最新成果，本文按照理论发展的脉络，评述粘性信息的含义、根源、发展及其对于经济分析的意义。

二、粘性信息的含义

（一）粘性信息的理论背景

新凯恩斯主义经济理论的特征是不完全竞争、不完全市场、异质劳动以及不对称信息，经济学家对此提出了多种理论解释，因而并不存在一个统一的新凯恩斯主义模型，正如莱斯利所说的："新凯恩斯主义将成桶的沙子倒在了平滑的新古典范式之中"，但其总的分析路径是论证工资和价格刚性或粘性对宏观经济运行结果所产生的影响。粘性信息的提出本质上也是为了说明工资和价格粘性产生的微观基础。

自20世纪90年代中期以来，具有垄断竞争市场和名义刚性的动态随机一般均衡模型（新凯恩斯主义）成为宏观经济学分析的标准基础。在该模型中表示价格指数动态波动规则的等式就是所谓的新凯恩斯主义菲利普斯曲线（New Keynesian Phillips Curve）。如果生产者不是频繁地调整其价格，在该模型中的通货膨胀遵循附加预期的菲利普斯曲线。新凯恩斯主义菲利普斯曲线是一种粘性价格模型，在某种程度上，说明了通货膨胀的一些动态特征，但有些经济学家，如Mankiw等经过经验检验，发现这种模型不能解释通货膨胀的持续性，甚至于出现了与经验事实相矛盾的结论：

（1）实际通货膨胀对货币冲击的反应是逐渐做出的，而新凯恩斯主义菲利普斯曲线的结论是立即调整（Mankiw and Reis，2002）。

（2）通货膨胀惯性，有经济学家发现，通货膨胀变量的自相关系数为1，说明通货膨胀在各期的数值与前一时期数值相关，具有惯性，但新凯恩斯主义菲利普斯曲线却得不出这种结论（Fuhrer and Moore，1995）。

（3）新凯恩斯主义菲利普斯曲线模型中得出了通货紧缩导致经济繁荣的结论，但实际情况却是缺失相反的。在新凯恩斯主义菲利普斯曲线中，厂商的通货膨胀预期是前向的，如果中央银行明确表示降低货币供给，产生通货紧缩，而产生会在通货紧缩到来之前就降低其产品价格上升的速度，这样流通中的实际货币数量反而增加了，总需求随之上升，经济出现了繁荣（Ball，1994）。

为了解决新凯恩斯主义菲利普斯曲线模型存在的这些问题，Mankiw 等经济学家提出了粘性信息菲利普斯曲线模型，而粘性信息的思想与 Lucas（1973）和 Fischer（1977）等的有限信息假说有理论上的延续性。在于 1973 年发表的著名文章《产出与通货膨胀替代关系的一些国际证据》中，Lucas 认为“理性的经济主体处于非完美的信息环境之中，其决策只能依赖于相对价格。”Fischer（1977）也指出经济模型中的理性预期与经济主体掌握的信息有关，并且提出了后来产生广泛影响的厂商定价规则。Mankiw 和 Reis（2002）综合了 Lucas 和 Fisher 的一些思想，用粘性信息的菲利普斯曲线来解释通货膨胀动态，其主要目的是理解战后美国经济中所出现的实际通货膨胀对外部冲击的反应具有粘滞性的原因。

（二）粘性信息的内涵

粘性信息模型思想的基础是有关宏观经济运行与各种条件变化的信息在经济主体之间所进行的传播是缓慢的，之所以产生这种缓慢的传播，是由于获取信息是需要花费成本的，最优化也是需要成本的，在每一种场合，价格总是变动的，但价格决策并不总是以当前最新的信息为基础（Mankiw、Reis，2002）。任何一个企业的定价决策在经济社会中都是缓慢扩展的。因此企业在定价的时候不会立刻更新自己的旧信息，他们的行为是理性的并且与收集信息的费用是一致的。厂商只是零散地吸收为其产品定价所需要的信息。若信息的流入是有限的或缺乏的，厂商会以过时的信息来制定价格。假设在每一个时点上，都只有一定比例如 λ 的厂商更新其信息（这个比例是外生的），并且以此为基础制定价格。这一思想引人注目的地方在于，在实际经济活动中，我们可以观察到理性预期均衡的失灵，这不是由于厂商的定价策略没有遵循最优化规则，采取了适应性规则（指数化或拇指规则），也不是由于厂商在某些时候不积极活动，而是因为他们理性地用非完美的信息来为其产品定价。由于这种原因，Mankiw 和 Reis 认为他们所提出的粘性信息菲利普斯曲线理论，完全可以做为新凯恩斯主义菲利普斯曲线的替代品。

（三）基本模型：粘性信息菲利普斯曲线

在粘性信息菲利普斯曲线模型中，每一个厂商在每一个时期都能确定其价格，但厂商跨时期获取信息与重新计算制定价格的过程是缓慢的。在每一个时期，都有一定比例的厂商获得有关经济运行情况的新信息，以此来确定价格的变动，制定新的价格，而其他厂商仍然按照原有的计划与陈旧的信息确定价格。厂商的行为与 Calvo 的交错定价模型类似，无论厂商上次更新信息是在哪个时期，每一个厂商在更新其价格计划方面均有相同的概率。

假设厂商的最优价格为：$p^* = p_t + \alpha y_t$，其中：p^* 为最优价格，p_t 为 t 时期的价格，y_t 为产出。j 时期之前更新其信息的厂商制定的价格为 $x_t^j = E_{t-j}p_t^*$，价格总水平为所有厂商制定的价格的平均值：$p_t = \lambda\sum_{j=0}^{\infty}(1-\lambda)^j x_t^j$，其中，$\lambda$ 为更新信息的厂商所占的比例，把这三个方程合并可以获得价格水平方程：$p_t = \lambda\sum_{j=0}^{\infty}(1-\lambda)^j E_{t-j}(p_t+\alpha y_t)$，这一方程中的短期菲利普斯曲线是非常明显的，产出与价格水平的突然变动正相关。

最终可以导出通货膨胀率方程：$\pi_t = [\alpha\lambda/(1-\lambda)]y_t + \lambda\sum_{j=0}^{\infty}(1-\lambda)^j E_{t-1-j}(p_t+\alpha g_t)$，其中 $g_t = y_t - y_{t-1}$ 为产出增长率。通货膨胀依赖于产出、对通货膨胀的预期以及对产出增长率的预期，这就是基本的粘性信息的菲利普斯曲线。

在 Mankiw 和 Reis 的信息粘性模型中，特别强调有限信息流在形成预期时的重要性，认为预期的形成是一个在时间上或经济上代价高昂的信息。在这个过程中，新信息为行为人所随机获得，在任何时刻，各人具有不同的预期。由于信息获取、处理成本传播缓慢。导致了经济主体依据过去信息所形成的预期，仍会影响当前的行为。与其他的有限理性文献不同，信息粘性模型假定行为人具有形成条件预期即理性预期的认知能力，然而，他们每期在更新其信息集时却面临一个外生概率。粘性信息菲利普斯曲线表明，当前通货膨胀率不仅仅取决于当前产出，还依赖于过去对当前通货膨胀率以及产出缺口变动率的预期。从表面上来看，粘性信息菲利普斯曲线中的预期是前瞻性的，但隐含了后顾式的预期行为。即使实际产出缺口已经发生了变动，企业仍将维持过去的价格，因而就会呈现出通货膨胀惯性的特征。Mankiw 和 Reis（2001）通过对粘性信息模型模拟检验，也证实了粘性信息菲利普斯曲线有通货膨胀惯性的特征。

三、理性疏忽：信息粘性的根源

新凯恩斯主义的粘性信息思想，放弃了信息成本为零的假设，认为由于获取、吸收和处理信息都需要支付成本，很多时候获取完全信息是划不来的，甚至具备完全信息之后人们根本无法进行决策，所以人们索性不去关注过多的信息，而只是摘取海量信息中的小部分来形成自己的预期，强调人们故意放弃次要信息的主观因素，提出了理性疏忽（rational inattentiveness）概念，对经济主体的行为有更为深刻的认识。

（一）完全理性假说的非现实性

完全理性假说是传统经济学理论的出发点，虽然有很强的逻辑性与工具理性，但这一假说与日常的经济现实有很大的距离，受到了很多经济学家的批评。赫伯特·西蒙（1989）从“非现实性”角度批评完全理性的经济人观念，他认为传统经济理论的经济人，完全掌握所处环境的全部知识和信息，其偏好系统又是稳定的，因而绝对清楚自己面临的问题、全部的备选方案、每一种备选方案所产生的各种可能的结果，并通过理性的计算，在所有备选方案中选择最优解，以达到最佳的自我满足。西蒙指出，完全理性实际上并不存在，可供现实人选择的目标是多种多样的，而且往往相互冲突，人们在做出决策时，总是受到个人和社会联系的制约，所以不得不在效率标准、利润目标、个人价值等因素之间寻求协调。这意味着，实际上人们根本无法求得传统经济学所希望得到的最优解，而只能获得满意解。因而完全理性难以解释现实经济问题，我们应当选择有限理性。另一方面，理性预期没有考虑到信息的获得、吸收和处理等方面，隐含的假设是经济主体在信息方面一定是无差异的。但在实际经济活动中，人们获取和处理信息的能力有很大的差异，即使预期的形成采取是理性预期的方式，由于在信息的获取、吸收和处理等方面的不同，人们形成的预期也可能是不同的。

总的来说，完全理性假说的非现实性表现在以下几个方面：

（1）完全理性假说认为经济主体是完全理性的经济人，会尽其所能追求利益最大化。这就是包括理性预期学派在内的众多西方经济学流派公认的完全理性假定。但由于人在生理和智力能力等方面的局限性以及外界事物的不确定性、复杂性，使人们在理解、解决复杂问题和处理信息方面的能力受到限制，因而人们在进行经济决策时不可能达到完全理性的程度，至多只能达到有限理性的水平。

（2）理性预期假说认为由于信息作为一种资源是稀缺的，因而人们不会浪费信息，会利用现有的一切信息来进行经济计算，这一假设虽然有一定的合理性，但并没有考虑经济主体应如何获取信息以及获取信息需要支付的成本，也就是说，他们的结论是以经济主体可以无代价地获得任何信息为基础的。然而在实际经济活动中，没有人可以无代价地获取和处理信息。由于这些成本的存在，经济主体获得信息的数量和质量不能不受到限制，在此基础上形成的预期也就不可能达到理想的状况。

（3）即使经济主体拥有较充分的信息，但面对错综复杂的经济环境，要他们做出完全符合经济运行实际的预期也是困难的。理性预期理论断言经济主体能做出理性的、与经济运行相一致的预期是没有根据的。

（二）理性疏忽与最优采样

针对新古典宏观经济学完全理性假说的非现实性，新凯恩斯主义者提出了关于经济主体的行为的另一种假设，即理性疏忽，改变了传统的完全理性的行为假设，认为经济主体由于种种原因理性地选择了疏忽的经济行为。

Sims（2003）基于 Shannon 信息论阐述了理性疏忽的内涵，认为信息处理能力构成了对经济主体的约束，由于处理信息能力的限制，而产生了疏忽行为。Sims（2006）认为，理性疏忽思想可以在理论上解释观察到的惯性和随机行为，信息与人们的经济行为或实际反应有关。由于“注意”是有限制的，这种限制就像 Shannon 所说的有限能力。虽然传统的最优化经济主体会连续地和恰当地对经济环境中的信息做出反应，但理性疏忽的经济主体的反应并不总是适当的，他按照离散的、跳跃的信号做出反应，或者随机做出反应，而完全理性的经济主体是采用连续的信息进行反应。如果放松对能力的约束，该主体的行为就会近似于最优化的主体，但与完全最优化的经济主体的行为相比，能力对其行为的约束与外部信息弱相关。

由于在获取和处理信息方面能力有限，基于理性疏忽行为所获取的信息就是离散的，这就涉及采样（sampling）问题。Moscarini（2004）研究了非连续采样，这种采样方式的特点是存在一系列正的间隔 Δ_T ，如果 $\Delta = 0$ ，行为人就是完全连续采样，如果 $\Delta = \infty$ ，该主体完全不更新信息。观察到的样本为 $Y_t = X_t + Z_t$ ，其中 Y_t 为采集的样本，X_t 为观察的目标，Z_t 为随机变量。Moscarini 分别研究了存在信息率成本和采样成本条件下的最优采样政策，证明在这两种条件下，最优采样间隔总是存在的，而且严格为正，甚至可能是无穷大。于泽（2009）认为信息流形成一个 σ - 代数集，若采样间隔为 $\Delta(i)$ ，就会形成一个新的 σ - 代数集，这样参与者在 t 时刻的行动就是后者的可测函数，最优采样间隔为 $\Delta^*(s) = \sqrt{\dfrac{2K(s)}{G_t(s,0)}}$ ，其中 $K(s)$ 为更新信息所产生的信息成本，$G_t(s,0)$ 表示参与者更新信息与不更新信息之间的收益，成本收益比越大，最优采样间隔就越大，经济主体更新信息的次数越少。最优采样间隔说明经济主体选择疏忽是合理的。

（三）疏忽模型的细化

Reis 在其博士论文及其之后发表的几篇文章中，分别对消费者、生产者的疏忽行为及其模型化的理论进行了探讨。Reis（2004）提出了对经济主体的疏忽行为的描述，在标准经济模型中加入新的假设，假设获取信息和处理信息都是需要成本的。收集与决策相关的成千上万条信息是有成本的，汇总编辑这些信息是有成本的，处理这些信息、做出最优计划、让家庭的其他成员同意这种计划也是有成本的。面对着这些成本，经济主体选择了疏忽，即有意识地忽略某些信息，或者不是像理性预期所说的每一个时点上都不断更新自己所掌握的信息。因为在任何时候，关注、获取和处理与决策有关的信息都是需要支付成本的，因而对于参与经济活动的主体来说，只是遵循以前制定好的一个计划，而不关注下一步将发生什么，这种行为才是最优的。经济主体可能花一段时间来决定其最优决策的计划，之后的一段时间，都将会执行这个计划，只有在一定时间之后，他才会重新收集信息，再次制定并执行新的计划。由于人们理性地选择了疏忽的行为，因而信息的更新与传递就是粘滞的，这样信息就具有粘性，这种粘性会反映在价格、宏观经济总量指标之上，所以对于宏观经济分析来说，疏忽的行为假设有一个重要的理论发展，突破了完全理性假说的非现实性所造成的理论问题。与其他模型相比，Reis（2004）认为以理性的疏忽为基础的粘性信息模型有以下几个方面的优点。

第一方面，疏忽模型可以把有限理性的经济主体模型化，具有广泛的应用性。所有动态宏观经济模型的核心是经济主体对于现在与未来替代关系的认识，因此，对于未来的预期是大多数动态模型的背后所隐藏的关键因素。改变经济主体的预期方式，会对经济模型带来巨大的冲击。疏忽模型会影响经济主体信息集的决定，进而会影响经济主体预期的形成。因此，它是一个关于经济主体如何获取信息、形成预期的模型，疏忽模型几乎对于所有的动态决策都有广泛的意义，几乎所有的经济主体的行为都可以用疏忽模型来进行说明。

第二个方面，疏忽模型与传统经济学理论一脉相承。疏忽模型是标准的有约束条件下的选择模型，这些条件包括偏好、市场结构和技术，这与传统的经济模型是一致的，惟一放松的条件是信息的约束。尽管标准的模型通常假定信息是无成本的，但在实际上，获取、吸收、处理信息等方面都需要花费成本。由于这些成本所产生的疏忽行为对经济的均衡结果有重要的影响，但在任何古典经济学模型中，这一问题得不到体现。

第三个方面，疏忽模型具有经验上的潜在优越性。标准的新古典宏观经济学的预测与经验数据有很大的差距，主要表现在实际数据中，宏观经济数量的变动是粘滞的，而新古典宏观经济模型的预测却是灵活的，传统理论对此没有很好的解释，原因在于理性预期有非常强的前向预期的色彩。当经济事件发生时，改变了人们对于未来的预测，预期就会做出反应，决策与行动也会相应改变，经济主体对于冲击所做出的数量方面的反应是立即做出，因而不会存在我们在实际数据中观察到的粘滞性。然而在疏忽模型中，信息缓慢地在经济中传播。今天，有些经济主体更新自己的信息，但其他人可能选择下个月再更新，另外一些人可能存在两个月之后再更新信息，所以信息一定只是逐渐在人群中进行传播。虽然有些人的预期和行动会对今天的消息做出反应，但其他会在一个月后有反应，另一些人会在两个月后有反应。因而由个体行为加总获得总量指标缓慢地变动，与在实际数据观察到的现象相一致。

四、理性疏忽、粘性信息对于经济分析的含义

新凯恩斯主义的粘性信息理论发端于对菲利普斯曲线的探讨，但基于

理性疏忽而建立的粘性信息模型适于经济活动的各个方面，因而 Mankiw、Reis 等经济学家很快建立了具有动态随机一般均衡特征的宏观经济模型，并将其应用于宏观经济波动与周期以及货币政策的研究。

（一）粘性信息的一般均衡模型（Sticky Information General Equilibrium）

以 Reis（2004）的理论模型为基础，Mankiw 和 Reis（2006）探讨了疏忽行为所导致的普遍存在的粘性，并以粘性信息为基础构建了一种宏观经济周期模型，这种模型能够更好地拟合宏观经济运行的特征事实。他们区分了在消费者和生产者当中存在的疏忽行为及其导致的粘性。Mankiw 和 Reis 使用标准的一般均衡新凯恩斯主义模型，假设市场是垄断竞争的，并且不存在资本积累。在该经济中有三类经济主体，厂商、消费者、工人，他们在劳动市场、产品市场和储蓄市场产生相互的联系。

在每个厂商内部，有两个决策者。雇佣部门负责购买不同种类的“劳动”以最小化其成本；销售部门出售商品，确定其价格，以实现最大利润。尽管雇佣部门具有完全信息，但销售部门在获取信息、吸收信息、处理信息等方面都需要付出成本，所以只会偶尔更新信息。厂商上次更新其信息是在 j 时期之前。假设在每一个时期，有随机确定的比例为 λ 的厂商，获得了新的信息，重新计算其最优价格，因而确定的价格水平为 $p_t = \lambda \sum_{j=0}^{\infty} (1 - \lambda)^j p_{t,j}$。

消费者是第二类主体，消费厂商生产的不同种类的商品，通过每个时期总和函数来最大化其预期贴现效用，他们面临着时际预算约束。名义利率为 i_t，实际利率为 r_t，费雪方程式满足 $r_t + E(\Delta p_{t+1}) = i_t$。消费者当中也有两类决策者：其一为购物者，他们具有完全信息，把全部的支出用于不同种类的商品，这导致了对厂商产品需求具有不变的价格弹性；另一类决策者是计划者，把全部支出进行跨时期配置，他面临着信息的成本，所以就采取了某种理性的疏忽行为，假设每个时期都有一定比例 δ 的消费者更新其信息。因此，总消费的一阶近似解等于 $y_t = \delta \sum_{j=0}^{\infty} (1 - \delta)^j c_{t,j}$，如果市场是出清的，可以用总产出来代替总消费。

工人是最后一类经济主体，他们与消费者在一个家庭，同样关心在相同时际预算约束下的最大化预期贴现效用问题。他们决定工作多长时间，工资需求多少，由于工人具有特殊种类的劳动，因而具有一定垄断力量。对工人服务需求来自于厂商的雇佣部，所以其需求具有不变的价格弹性 γ。工人需要进行劳动的时际替代，未来的预期工资越高，就越愿意那时再工作，而不愿现在工作，因而对现在工资的要求就越高。与此类似，如果他们预期明天的工作多，他们就愿意用今天的工作来替代明天的部分工作，这样他们要的工资水平就会降低。除此之外，时际劳动供给还需要考虑实际利率，实际利率越高，今天工作的收益比明天的工作的收益越高，今天的工作意愿就比明天的工作意愿更高，这样所要的工资就较低。若 ω 为关注信息的工人所占的比例，工资指数等于一阶近似解：$w_t = \omega \sum_{j=0}^{\infty} (1 - \omega)^j w_{t,j}$。

根据上述方程式，可以获得三个方程式，表示模型中的三个市场的均衡，即总供给曲线或菲利普斯曲线、IS 曲线方程和劳动市场出清方程或工资曲线。假定货币当局的货币政策遵循泰勒规则，这三个方程式与费雪方程式和泰勒规则混合在一起，可以决定由外生冲击（技术冲击和货币扰动）所决定的粘性信息均衡时的各个变量，即均衡产出 y_t 、均衡价格水平 p_t 、均衡工资率 w_t 、名义利率 r_t 和实际利率 i_t。Mankiw 和 Reis（2006）发现，完全的灵活性与局部的粘性的假设，都无法与通货膨胀顺周期变化、实际工资率的平滑性以及实际产出的逐渐变动相一致，只有普遍的粘性（即 $\lambda < 1$, $\delta < 1$ 和 $\omega < 1$ ）才与经验事实最为吻合。

在前述普遍粘性假设的基础上，Reis 等将理论进一步发展，在《政策分析的粘性信息一般均衡模型》中构建了一个具有粘性信息的动态随机一般均衡的货币模型，用粘性信息取代其他所有的粘性行为，从而将粘性信息的分析更加一般化。其假设仍然是经济主体获取、吸收和处理信息是需要成本的，因而消费者、工人和厂商只能缓慢地适应不断变化的信息。根据这种假设，建立了包含债券市场、产品市场和劳动市场的一般均衡模型。

Reis 的估计表明，在所有的市场中，不完全信息是普遍存在的。通过分析美国和欧洲的数据，Reis 认为美国工人比欧洲工人更关注信息。该模型与许多经验事实相一致：

（1）通货膨胀的迟滞或迅速的调整，而产出随货币政策冲击的反应依赖于政策体制；

（2）通货膨胀对技术冲击的反应迅速；

（3）通货膨胀与产出高度相关，即通货膨胀变动与潜在产出之间的加速性。

（二）理性疏忽条件下的经济波动与周期

作为对经济主体的一种行为假设，理性疏忽假说有很强的解释力，一些学者开始把理性疏忽理论应用于经济波动和经济周期的分析。Martins 等（2009）用不确定性的复合源把 Sims（2003）建立的理性的疏忽模型与传统的真实经济周期模型就和起来，区分了劳动与相关投资的生产率的短期与持久冲击，在该模型中，信息的摩擦是一种内生调整，内生变量的粘滞程度是对冲击的最优反应。经验证据表明，理性的疏忽增加了产出与消费之间的易变性和短期相关性，但降低了投资与工作时间的相关性，这有助于理解经济周期波动与长期绩效之间的联系。Luo 和 Young（2008）采用持久的技术冲击，把理性的疏忽假说与随机增长模型结合在一起，发现在内生的需求冲击的情况下，理性疏忽提高了消费对于产出的易变性。Luo 和 Young（2009）则研究了在信息处理能力有限的条件下，具有风险偏好的家庭的消费储蓄行为，发现理性疏忽与收入的不确定性和风险的敏感性存在相互的作用，会提高预防性储蓄，同时表明理性疏忽对于风险敏感的家庭的福利成本很大。

（三）粘性信息对于经济政策的意义

Mankiw 和 Reis 等沿着经济主体不关注公开信息的思路，分析粘性信息对于经济政策研究的作用。Ball、Mankiw 和 Reis（2005），他们推导出了经济周期的行为模型中的最优货币政策，在其模型中信息是具有粘性的。与其他新凯恩斯主义理论强调通货膨胀目标不同，他们认为在粘性信息模型中，最优货币政策是以价格水平为目标的，而不是以通货膨胀率为目标。中央银行应该宣布一个价格水平的目标路径，然后承诺它自己会通过回归到这条路径来响应各种冲击。如果是响应需求或生产率冲击，它应该尽快恢复到它的目标价格水平；如果要响应供给冲击或价格上涨的冲击时，中央银行应该逐渐地恢复到它的目标价格水平，这个恢复需要一定的时间。这种最优货币政策的另一种表述是，如果预期到产出会偏离其自然率水平，最优政策允许价格水平偏离它的目标水平。

对于粘性信息条件下货币政策对于经济指标的有效性问题，Reis（2009）认为在粘性信息一般均衡模型中，提前几个季度宣布货币政策，会使很多人有时间了解这一事件，采取对策，因而对货币政策的预先宣布降低了对工作时间和产出缺口的冲击，但会增加对通货膨胀的全部冲击。Reis（2009）对粘性信息模型中最优货币政策继续予以探讨，试图回答粘性信息如何影响最优货币政策？最优利率规则是什么？产出水平目标规则的最优弹性是什么？参数的不确定性如何影响最优政策？Reis 的检验结果是，对于货币政策来说：

（1）利率对通货膨胀的反应更具积极性；

（2）利率应对某些实际活动的指标做出反应，如产出缺口或产出缺口的变化、就业水平等；

（3）最优目标规则应是盯住工资水平，但通常比利率政策规则要差；

（4）与常见的粘性行为模型相比，粘性信息模型特别强调稳定实际活动，对于实际经济活动的政策系数较大，而对产出或通货膨胀的政策系数较小。

Branch 等学者扩展了 Ball、Mankiw 和 Reis（2005）的模型，分析内生的疏忽对于货币政策分析意义。Branch（2005）引入适应性学习，表明随着政策制定者偏好的变化，中央银行和私人部门最终会学习到一个新的均衡，在这种均衡条件下，产出和价格的变动程度都较低。Branch（2007）把疏忽行为定义为信息更新过程中的纳什均衡，与总的价格水平和产出的平稳随机过程相关，在给定均衡的更新信息的比例情况下，假设货币当局遵循 Bal、Mankiw 所研究的最优货币政策，他们的研究发现，产出与价格变动间的替换关系依赖于信息处理比率和最优货币政策。如果政策制定者是积极的，对产出的稳定性更为关注，包括理性预期的调整，直接效应是降低了产出的易变性，而提高了价格水平的易变性。然而预期的间接效应是使得经济主体更加疏忽，而疏忽程度的提高提高了产出的易变性。因此，通货膨胀与产出易变性之间是否存在替代关系依赖于货币政策的间接效应和直接效应哪一个占据主导地位。Branch 的研究发现，哪一种效应占优势，依赖于对价格水平易变性做出反应的均衡疏忽水平的强度。

另一方面，与 Mankiw、Reis 等人的研究不同，Woodford 接受了 Sims（2003）对于疏忽行为的假设，认为人们具有不完美信息处理能力，这种有限的能力使得私人决策者不能对经济环境中的所有信息都给予关注。Woodford 引入了垄断竞争的定价模型，在这种模型中，商品供给者的最优价格决策依赖于他们对其他价格的预期，由于信息处理能力有限，单个供给者对当前经济条件的主观感觉不可避免地会受到外界的干扰，这不仅可以解释名义扰动的实际效应，而且可以解释实际效应的持续。Woodford（2005）分析了近似理性预期条件下稳健的线性最优货币政策，这种政策可由表示对均衡动态误解的有关参数来指示。近似理性预期与理性预期模型一样，承诺对于最优货币政策来说，有重要的意义。在近似理性预期的情况下，政策决策所产生的扭曲变得更加严重，这样承诺的重要性提高了。沿着上述分析路径，Woodford（2008）进一步研究了具有信息约束状态依赖的定价行为，提出了一个价格变动的时间选择模型，该模型由部分厂商的最优行为而得到，这些厂商在评价现行政策方面存在不变成本，Woodford 的研究表明，具有中等规模信息成本的这种模型所产生的总体行为与 Calvo 模型非常一致，但与完全信息的菜单成本模型所预测的截然相反。Woodford 的这些研究是对粘性信息理论的重大发现，对于宏观经济分析有重要的理论价值，也是粘性信息理论未来研究的一个重要方向。

五、经验检验与批评意见

（一）对粘性信息理论的经验验证

理性疏忽与粘性信息理论提出之后，许多研究者对多个国家和地区的经济运行情况做了实证分析和检验。

有的学者研究了理性疏忽的具体证据。Lee 等（2003）研究了美国零售食品行业的最低价格，发现 65% 的价格以 9 美分结尾，还有多数商品价格以 99 美分结尾，而且最为普遍的价格调整，无论是涨价还是降价，都是变动 10 的倍数。这些研究者认为消费者不注意最右边的数字，因为消费者首先需要面对大量的信息，获取和处理都需要成本，同时消费者面临着时间、资源和信息处理能力的约束，就导致了价格的粘性，这是理性疏忽理论的一种经验证据。

Khan 和 Zhu（2006）运用粘性信息模型下菲利普斯曲线来分析开放和封闭的经济条件下美国、加拿大和英国的经济数据，分析得出：一个企业在美国平均是 4 季度更新一次自己的信息，在加拿大约 4—5 个季度更新一次，在英国是多于 7 季度。因此这种分析表明在美国和加拿大通货膨胀和产出缺口的关系非常接近模型在开放经济中假设的，而开放经济下的粘性信息菲利普斯曲线模型下的结果相似于加拿大和英国在封闭经济条件下的通货膨胀和产出的关系。得出的结论就是当前的通货膨胀率由当前的产出缺口和对未来通货膨胀的当前预期决定。这种粘性信息模型下的菲利普斯曲线表明如果国内需求压力增长 1%，那么美国通胀率会增长 3—5 个基础点，加拿大则是 2—4 个点，英国 2—3 个点。而且证明了粘性信息的动态均衡模型对货币政策分析是非常有效的。Dopke 等（2008）分别用美国和欧洲的调查数据做了分析，考察了这种流行性模型中的信息在家庭和预测者之间的传递。首先假定进行信息更新的公司在各个时期都对通货膨胀采取了特有的理性预期，并且把这个预期提前了 6 个季度，得出结论是意大利、德国、法国三个欧洲国家的信息传输过程与美国相比较慢，所以说在欧洲这一模型下，较少的固定通货膨胀预期和频繁的信息更新更为有利。Coibion（2006）实证研究了 Mankiw 和 Reis 提出的粘性信息是否能稳定地获得通货膨胀惯性，发现信息更新的频率、实际刚性的程度、货币政策的性质和持续性以及经济的其他部分是否存在信息的粘性等因素，在这方面发挥着重要的作用，附加粘性信息的消费使得产出的调整更加迟缓。

（二）对粘性信息理论的批评意见

虽然 Mankiw 与 Reis 等经济学家不断强调粘性信息模型的重要性，但也有一些经济学家对这一模型的解释力持怀疑态度。Trabandt（2003）表明，无论粘性信息菲利普斯曲线还是新凯恩斯主义混合模型，都可以得到实际数据中所观察到的相同的通货膨胀持续性。Dupor 等（2006）使用与 Mankiw、Reis（2002）类似的数据、时期和估计的方法，发现粘性价格和粘性信息模型对于解释通货膨胀动态特征来说都有重要的意义，因而他们认为粘性价格是不能放弃的，但粘性信息模型也具有重要的意义。Tomiyuki（2008）研究出了一种既具有粘性价格又具有粘性信息的双粘性模型

（dual stickiness model），认为双粘性模型比纯粘性价格和纯粘性信息模型更好地解释价格水平、产出等指标的粘滞现象。

总之，新凯恩斯主义粘性信息理论仍是处于发展中的理论，其发展方向具有不确定性，值得我们进一步观察。

六、简要的评论

新凯恩斯主义粘性信息理论是在早期新凯恩斯主义的粘性价格、粘性工资等理论基础之上形成的，其理论目的与之前的理论一样，仍然是要解释经济体系中普遍存在的名义刚性问题，然而与粘性价格、粘性工资等理论相比，粘性信息理论是凯恩斯主义理论的一次重大飞跃，使得对微观经济主体的假设更接近现实。

当代各种经济学流派都越来越重视构建宏观理论的微观基础，对此宏观经济学界几乎没有异议。为了构建凯恩斯经济理论的微观基础，以萨缪尔森、汉森等人为代表的新古典综合派，其努力将凯恩斯的宏观经济理论体系与新古典经济学体系相结合，克服各自的一些片面性。但这种努力并没有使宏观经济学与微观经济学理论体系完美结合，在菲利普斯曲线上就表现为仅有宏观的描述而缺乏微观行为的描述，之后货币主义、理性预期等理论加入了预期，以反映微观经济主体的行为。近年来不断发展的新凯恩斯主义理论力图克服传统凯恩斯理论的不足，他们并不囿于凯恩斯主义传统的理论体系，而是以开放的姿态吸取新古典宏观经济学的理性预期假说、真实经济周期理论的分析范式等，接受了理性预期的假说。

然而，理性预期假说没有关注到经济主体在获取、吸收、处理信息方面的成本，也不关注经济主体间信息能力的差别，因而其模型与现实有一定的差距。新凯恩斯主义粘性信息理论基于信息成本与信息能力的差异，由此产生了经济主体的理性疏忽行为，这就导致了在任何时间点上，信息都不是被完全更新的，只有部分的经济主体会更新其信息，其他人会按照旧的信息来决策，这样就会产生信息传播的粘滞性。这种假设是对完全理性的经济人假说的一个修正，也克服了完全理性假说非现实性的缺点，因而对经济活动的解释更加可信。粘性信息理论将有助于拓展和完善宏观经济理论，对我国的宏观经济学研究也不无裨益。

参考文献

[1] Akerlof, George A, Janet L, Yellen. 1985, "A Near – Rational Model of theBusiness Cycle, with Wage and Price Inertia" . *Quarterly Journal of Economics*, 100: 823 – 38.

[2] Ball, Laurence. 1994. "What Determines the Sacrifice Ratio?" in *Monetary Policy*, ed. by N. G. Mankiw. University of Chicago Press.

[3] Ball, Laurence, N. Gregory Mankiw and Ricardo Reis. 2005. "Monetary policy for inattentive economies", Journal of Monetary Economics, Volume 52, Issue 4, May 2005, pp. 703 – 725.

[4] Branch William A.. John Carlson, George W. Evans, Bruce McGough. 2007a. "Monetary Policy, Endogenous Inattention, and theVolatility Trade – off" . http://www.socsci.uci.edu/~wbranch/EndoInworkingpaper07Dec04.pdf.

[5] Branch, William A.. 2007b. "Sticky Information and Model Uncertainty inSurvey Data on Inflation Expectations", Journal of economic Dynamics and control, Volume 31, Issue 1, January 2007, pp. 245 – 276.

[6] Branch William A., John Carlson, George W. Evans, Bruce McGough. 2006. "Adaptive Learning, Endogenous Inattention, andChanges in Monetary Policy" . https://www.clevelandfed.org/research/Workpaper/2006/wp0610.pdf.

[7] Calvo, G. A.. 1983. "Staggered Prices in a Utility – Maximizing Framework," *Journal of Monetary Economics*, 12, pp. 383 – 398.

[8] Coibion, Olivier. 2006. "Inflation Inertia in Sticky Information Models", *Contributions to Macroeconomics*, Volume 6, Issue 1, Article 1.

[9] Dopke, Jorg, Jonas Dovern, Ulrich Fritsche, Jiri Slacalek. 2008. "Sticky Information Phillips Curves: European Evidence", European Central Bank Working Paper Series, No. 930.

[10] Dupor, Bill., Tomoyuki Kitamura, Takayuki Tsuruga. 2006. "Do Sticky Prices Need to Be Replaced with Sticky Information" . http://www.e.u – tokyo.ac.jp/cirje/research/workshops/macro/documents/macrobbl1109_ 000.pdf.

[11] Fischer, Stanley. 1977. "Long – Term Contracts, Rational Expectations, and the Optimal Money Supply Rule", *The Journal of Political Economy*, Vol. 85, No. 1, pp. 191 – 205.

[12] Fuhrer, Jeffrey., George Moore. 1995. "Inflation Persistence", *Quarterly Journal of Economics*, vol. 110, pp. 127 – 160.

[13] Khan, Hashmat, Zhenhua Zhu. 2006. "Estimates of the Sticky – Information PhillipsCurve for the United States, Canada and the United Kingdom", *Journal of Money, Credit, and Banking*, Volume 38, Number 1, February 2006.

[14] Lee, Dongwon, Haipeng Chen, Daniel Levyand Mark Bergen. 2003. "Making Sense of Ignoring Cents: Price Points and Price Rigidity Under Rational Inattention", http://misrc.umn.edu/workshops/2006/spring/dongwon.pdf.

[15] Lucas, Robert E.. 1973. "Some International Evidence on Output – Inflation Tradeoffs", The American Economic Review, June 1973, pp. 326 – 334.

[16] Luo, Yulei, Eric R. Young. 2008a. Rational Inattention and Aggregate Fluctuations, Working Paper, University of Hong Kong, November 2008.

[17] Luo, Yulei, Eric R. Young. 2008b. Risk – sensitive Consumption and Savings underRational Inattention, Working Paper, University of Hong Kong, October 2008.

[18] Mankiw, Geregory, Ricardo Reis. 2007. "Sticky Information in General Equilibrium." *Journal of the European Economic Association*, 5 (2 – 3), 603 – 613.

[19] Mankiw, Gregory, Ricardo Reis. 2002. "Sticky Information versus Sticky Prices: A Proposal to Replace the New Keynesian Phillips Curve." *Quarterly Journal of Economics*, 117 (4), 1295 – 1328.

[20] Mankiw, Gregory, Ricardo Reis. 2006. "Pervasive Stickiness." *American Economic Review*, 96 (2), 164 – 169.

[21] Martins, Guilherme, Daniel Sinigaglia. 2009. Real Business Cycle Dynamics underRational Inattention, MPRA Paper No. 14089, http://mpra.ub.uni – muenchen.de/14089/.

[22] Moscarini, Giuseppe. 2004. Limited Information Capacity as a Source of Inertia, *Journal of Economic Dynamics and Control*, Vol. 28 (10), pp. 2003 – 2035.

[23] Reis, Ricardo. 2004. Inattentiveness, Dissertation of Ph. D, HarvardUniversity.

[24] Reis, Ricardo, 2009a. "A Sticky – Information General – Equilibrium Model for Policy Analysis", Working Paper of National Bureau of Economic Research. http://www.nber.org/papers/w14732.

[25] Reis, Ricardo. 2009b. "Optimal Monetary Policy Rules in an Estimated Sticky – Information Model", Working Paper of ColumbiaUniversity.

[26] Sims, Christopher A. 2003. "Implications of Rational Inattention", *Journal of Monetary Economics*, 50 (3), April 2003, pp. 665 – 690.

[27] Sims, Christopher A.. 2006a. "Rational Inattention: Beyond the Linear – Quadratic Case", *TheAmerican Economic Review*, Vol. 96, No. 2 (May, 2006), pp. 158 – 163.

[28] Sims, Christopher A. , 2006b. "Rational Inattention: A Research Agenda", Princeton-University, March 2006.

[29] Taylor, John B. 1999. "Staggered Price and Wage Setting in Macroeconomics. " *Handbook of Macroeconomics*, New York.

[30] Tomiyuki Kitamura. 2008. " Optimal Monetary Policy under Sticky Prices andSticky Information", http: //www. hh. iij4u. or. jp/ ~ tomiyuki/papers/OMPDS. pdf.

[31] Trabandt, Mathias, Sveriges Riksbank. 2003. " Sticky Information vs. Sticky Prices: A Horse Racein a DSGE Framework", HumboldtUniversityWorking Paper.

[32] Woodford, Michael. 2003. " Imperfect Common Knowledge and the Effects ofMonetary Policy", in Philippe Aghion, Roman Frydman, Joseph E. Stiglitz and MichaelWoodford, eds. , *Knowledge*, *Information*, *and Expectations in Modern Economics*: *in Honor of EdmundS. Phelps*, Princeton: PrincetonUniversity Press

[33] Woodford Michael. 2005. " Robustly Optimal Monetary Policy with Near – rational Expectation", NBER Working Paper 11896, http: //www. nber. org/papers/w11896.

[34] Woodford, Michael. 2008. " Information – constrained state – dependent pricing", NBER Working Paper 14620, http: //www. nber. org/papers/w14620.

[35] 赫伯特·西蒙. 现代决策理论的基础: 有限理性说 (中译本), 北京经济学院出版社, 1989.

[36] 于泽. 理性非注意、粘性信息与最优货币政策, 中国人民大学出版社, 2009.

第二章　克里斯托夫·西姆斯的理性疏忽理论评介[①]

2011年诺贝尔经济学奖得主，美国普林斯顿大学的西姆斯（Christopher A. Sims）教授不仅创立了向量自回归方法来阐释经济如何受到经济政策以及其他因素变化的影响，而且在近10多年来，提出了一个全新的理论分析框架，即理性疏忽（rational inattention）理论，以克服新古典宏观经济学完全理性假说所存在的问题，并分析经济活动中普遍存在的粘性现象，该理论已成为现代经济学中最活跃的前沿课题之一，在微观经济行为与宏观经济波动的研究方面取得了长足发展。本章拟通过评述西姆斯教授的这一学术贡献，阐释理性疏忽假说的基本内涵及其对于经济分析的意义。

一、理性疏忽假说的基本含义

（一）完全理性假说的非现实性

完全理性假说是传统经济学理论的出发点，虽然有很强的逻辑性与工具理性，但这一假说与经济现实有很大的距离，受到很多经济学家的批评。赫伯特·西蒙（1989）从“非现实性”的角度对这一假说展开批评，他认为传统经济理论的经济人，完全掌握所处环境的全部知识和信息，其偏好系统又是稳定的，因而绝对清楚自己面临的问题、全部的备选方案以及每一种备选方案所产生的各种可能的结果，并通过理性的计算，在所有备选方案中选择最优解，以达到最佳的自我满足。西蒙指出，完全理性实际上并不存在，人们根本无法求得传统经济学所希望得到的最优解，而只能获得满意解，经济主体只具有有限理性。

① 本章核心内容发表于2011年第12期《经济学动态》。

总的来说，完全理性假说的非现实性表现在以下几个方面：

（1）该假说认为经济主体总是能够实现利益最大化，但由于经济主体在生理和智力能力等方面的局限性以及外界事物的不确定性、复杂性，在进行经济决策时不可能达到完全理性的程度，至多只能达到有限理性的水平；

（2）该假说认为经济主体会利用现有的一切信息来进行经济计算，这一假设虽然有一定的合理性，但并没有考虑经济主体应如何获取信息以及获取信息需要支付的成本，也就是说，他们的结论是以经济主体可以无代价地获得任何信息为基础的。然而在实际经济活动中，没有人可以无代价地获取和处理信息。由于信息成本的存在，经济主体获得信息的数量和质量不能不受到限制，在此基础上形成的预期也就不可能达到理想的状况；

（3）即使经济主体拥有较充分的信息，但面对错综复杂的经济环境，要他们完全符合经济运行实际的预期也是困难的。理性预期没有考虑到信息的获得、吸收和处理等方面的问题，但在实际经济活动中，人们获取和处理信息的能力有很大的差异，即使预期的形成采取是理性预期的方式，由于在信息的获取、吸收和处理等方面的不同，人们形成的预期也可能是不同的。理性预期理论断言经济主体能做出理性的、与经济运行相一致甚至是与计量经济模型相一致的预期是没有根据的。

（二）理性疏忽假说的理论内涵

针对新古典宏观经济学完全理性假说的非现实性，许多经济学家开始研究信息的不完全性，而西姆斯提出了关于经济主体的行为的另一种假设，即理性疏忽，改变了传统的完全理性的行为假设，认为经济主体由于种种原因理性地选择了疏忽的经济行为。西姆斯所提出的理性疏忽理论放弃了经济主体具有无限信息处理能力的假设，认为由于获取、吸收和处理信息都需要支付成本，很多时候获取完全信息是划不来的，甚至具备完全信息之后人们根本无法进行决策，所以人们索性不去关注过多的信息，而只是选择海量信息中的小部分来形成自己的预期，这样即便信息是完全的，人们只能利用其中一部分。这种理论强调人们故意放弃次要信息的主观因素，对经济主体的行为有更为深刻的认识。

西姆斯（1998）将经济主体信息处理能力的约束纳入经济分析之中，

认为名义变量的粘性是有限信息处理能力的结果。西姆斯（2003）则明确提出了理性疏忽假说，认为信息处理能力构成了对经济主体的约束，由于处理信息能力的限制，而产生了疏忽行为。西姆斯（2006）认为，理性疏忽思想可以在理论上解释观察到的惯性和随机行为，信息与人们的经济行为或实际反应有关。由于信息与人们对事物的注意，而“注意”是有限制的，这种限制就像 Shannon 所说的有限能力。虽然传统的最优化经济主体会连续、恰当地对经济环境中的信息做出反应，但理性疏忽的经济主体的反应并不总是适当的，它按照离散的、跳跃的信号做出反应，或者随机做出反应，如果放松对能力的约束，该主体的行为就会近似于最优化的主体，但与完全最优化的经济主体的行为相比，能力对其行为的约束与外部信息弱相关。西姆斯和一些经济学家如 Woodford 等人，也研究信息吸收能力对经济主体行为的约束，这些文献都假设经济主体不能吸收全部的可用信息，因此不能迅速按照这些信息来进行决策。与处理信息有关的成本决定了最优的疏忽水平，这使得信息的更新既不频繁又不完全。

与完全理性或理性预期假说相比，理性疏忽的行为假设更具有现实性。在存在信息处理成本条件下，由于经济主体的信息处理能力有限，经济主体就会采取最优采样政策，可以证明最优采样间隔总是存在的，而且严格为正，甚至可能是无穷大，其所获得信息就是离散的（Moscarini，2004）。因此，注意力就成为一种稀缺资源，需要进行有效的配置。在这个意义上，理性疏忽概念就可以用来解释经济模型中的粘滞与延迟的反应。例如：即使信息是完全的，经济主体做出的决策有可能并不是最优的，因为有些信息被它理性地忽略掉了；消费水平、价格与工资等变量的变动具有粘性，因为决策并不是按照经济的真实状态做出的，而是按照经济主体认识到的状态来做出的。

二、理性疏忽模型的构建

（一）信息处理能力的约束

西姆斯（2003，2006）直接借用 Shannon 的信息论来描述信息的定义与经济主体所面临的信息处理能力的约束，这种处理方法在经济学的分析中非常新颖，且有一定的说服力。具体而言，就是根据 Shannon（1949）提出的互信息概念，利用比特定义，描述信息处理能力的约束，即一个人观察一个变量时，在另一个相关的变量上可以获得的信息数量。为计量方便将熵这一衡量不确定性的概念引入。决策者可以按着变量在决策中的相对重要性对其分配关注程度，而这种方法使得观察决策者们对变量分配关注程度成为可能。按照信息论的定义，可以用不确定性的减少来度量信息流量，其中随机变量的不确定性用熵来度量。假如随机变量 X，其概率密度函数为 $f(X)$，则 X 的熵等于 $-E[\log(f(X))]$。随机变量的不确定性不取决于变量的实现而是取决于其概率分布的实现，如果 X 服从正态分布，其熵的表达式为 $H(X)=\frac{1}{2}\log_2(2\pi eVar(X))$，因而一个服从正态分布的随机变量的不确定性取决于其方差。条件熵是用来度量在给定另外一个随机变量 Y 的条件下随机变量 X 的不确定性。如果 X 和 Y 服从联合正态分布，条件熵的表达式为 $H(\frac{X}{Y})=\frac{1}{2}\log_2\left(2\pi eVar\left(\frac{X}{Y}\right)\right)$。在量化了随机变量的不确定性后，信息流被定义为不确定性减少的比率，具体表示为：$I(X;Y)=H(X)-H(\frac{X}{Y})$，即两个随机变量间的信息流量等于前者的不确定性与后者不确定性的差。如果两个随机变量相互独立，不确定性的减少将为零，因为知道 Y 以后并不能提供有关 X 的任何进一步信息，因此前后两者的不确定性是相同的。信息处理能力受限可以模型化，为随机变量不确定性的减少不是任意大的，而是存在一个上限，即 $I(X;Y)\leqslant k$，其中 k 是信息处理渠道的容量，为不确定性的减少设置了一个上限。可以将这种渠道看作一种设备，个体通过这种设备来处理信息，而且这种设备存在技术限制，它只能处理一定量的最大信息。正如西姆斯（2006）所指出的，重要的是要鉴别不同经济环境下对不确定性的描述和有限信息是否存在逻辑一致性。信息处理受限被量度为 Shannon 渠道容量的限制，这与环境是一致的，在这种环境下，信息能够公开可得，而利用信息的唯一成本就是信息处理的能力成本。

（二）理性疏忽的基本模型

西姆斯（2003）在界定了信息约束之后，求解具有信息流约束的最优问题以及动态最优问题。西姆斯采取了所谓的线性二次高斯分析框架（Linear Quadratic Gaussian，LQG），假设消费储蓄模型为二次的，即效用函数为 $u(c) = c - 0.5c^2$，其约束为线性的，且不确定性的分布具有高斯分布的特征，该模型的解与卢卡斯的信号提取模型相一致。线性二次高斯分析框架可以被看作是理性疏忽的一个特例，经济主体所选择的最优分布具有高斯分布的特征。这种分析有一个重要的优点，即模型具有明确的解，给定最优信息，就可以找到信息获取方案和消费组合。在这个框架下，当经济主体做出经济决策时，他们只有有限的能力来处理信息。由于信息内源性的不完善，经济主体只有有限的能力来处理信息。因此，噪声的性质取决于以下两点：首先由于内在原因决定观察力本身的不完美；其次，即使观察力是最佳的，但经济主体需要将他们的有限信息容量分配给不同来源的信息，从而导致噪声的存在。给定外生变量分布区域的内生变量愈是嘈杂，经济主体对该区域的关注就越少，并且其他区域处理所留下的信息容量痕迹越多。由于存在这种信息约束，所以模型会内生地产生信息的缺失，与传统的最优化行为相比较，必然存在噪音。因此，许多学者的进一步研究表明（Luo& Young，2008；Tutino，2008；Wiederholt，2010），经济主体会合理的分配这种噪音，从而使得他们在信息容量限制下实现效用最大化。西姆斯（2006）提出了超越线性二次的问题，认为硬约束与有限的信息流并非不相容的。消费与财富的条件分布可以限制为（0，w）间隔，即使 c 或 w 的观测都不会给予其他变量完全的信息。当外部冲击很小时，由信息的处理而产生的不确定性都能够容易地完全非正规化。只有当信息约束不具备较强的效应时，正规化才是一个很好的近似。能力限制对储蓄行为有很强的解释力，这与大多数人只对其净资产有含混的认识的事实相一致，并且其退休时的账户余额对当前行为只产生很小的影响，而且微小的信息变化会产生较大的储蓄变化。

三、理性疏忽假说对于经济分析的意义

（一）对粘性行为的统一解释

理性疏忽可以解释不同的经济主体如何按照不同的信息集来进行决

策，这并不是由于他们不能获取信息，而是由于理解这些信息是有成本的。信息量越大的信号越有助于更好地决策，但成本也就更高；而经济主体只具有有限的信息处理能力。因此，即使信息是充分的，经济主体也会受到其理解信息并按照自己所掌握的信息进行活动的能力限制。这些思想表明，理性疏忽会导致价格与数量等经济变量运动的粘滞性，而这种粘滞性正是新凯恩斯主义者所特别强调的经济现象，著名的凯恩斯主义经济学家如 Calvo、Mankiw 用各种调整成本如价格的交错调整、菜单成本、契约模型等理论来解释，但每一种模型或只能解释价格的粘性，或只能解释工资的粘性，并不存在一个统一的模型，这使得新凯恩斯主义理论零碎琐屑，正如莱斯利所说的："新凯恩斯主义将成桶的沙子倒在了平滑的新古典范式之中"。而西姆斯用理性疏忽这个行为假设，将各种粘性行为纳入到一个统一的分析框架之中。在 Rolnick（2007）对西姆斯的访谈中，西姆斯指出："这抓住了人们对经济行为中的惯性行为的直觉，在解释我们所观察到的问题方面，这一理论可以解释为什么在实际生活中，不仅仅是价格具有粘滞性，而是每一个事物对于如货币政策变化的反应都是粘滞的。该模型可以解释实际变量的粘性，也可以解释名义变量的粘性。同时，从这一假说可以看出，具有调整成本的经济主体对快速的变化极端厌恶，因而具有极强的福利意义，即波动非常不受欢迎，因为具有很高的成本。然而，如果人们是粘滞的，在大多数时间，并不会对市场信号给予足够的注意，他们可能就不会规避迅速发生的变动。他们通常并不迅速改变，因为他们并没有对市场变化付出足够的关注，这样福利意义就是非常不同的"。

（二）与实际经验的一致性

标准的新古典宏观经济学的预测与经验数据有很大的差距，主要表现在实际数据中，宏观经济数量的变动是粘滞的，而新古典宏观经济模型的预测却是灵活的，传统理论对此没有很好的解释，原因在于理性预期有非常强的前向预期的色彩。当经济事件发生时，改变了人们对于未来的预测，预期就会做出反应，决策与行动也会相应改变，经济主体对于冲击所做出的数量方面的反应是迅速的，因而不会存在我们在实际数据中观察到的粘滞性。然而在理性疏忽模型中，由于信息处理能力的约束，经济主体对于信息的更新是缓慢的，所以信息一定只是逐渐在人群中进行传播。虽然有些人的预期和行动会对今天的消息做出反应，但有些人会在一个月后有反应，另一些人会在两个月后有反应。因而由个体行为加总获得总量指标缓慢地变动，这与实际数据观察到的现象相一致。此外，理性疏忽理论也可以解释经济周期的非对称性，由于人们对涉及自己利益的坏消息更为关注，当听到坏消息时更倾向于立刻采取行动，而好消息所引致的行为反应要有一定的时滞。所以与繁荣相比，衰退来得更为迅速。

四、理性疏忽模型的扩展与应用

（一）理性疏忽框架下的消费与劳动行为研究

作为一种开创性的思想，西姆斯的理性疏忽理论开启了宏观经济研究的新篇章。Tutino（2008）采用西姆斯的分析框架，研究了信息约束下生命周期中的消费选择，发现消费者对财富损失的反应比对金融条件改善的反应更迅速，也更强烈。经济体中，与正向等量的冲击所带来的生产增长相比，由负面冲击所产生的产出降低更为迅速。理性疏忽模型为这些行为的分析提供了一种理论解释。经济主体根据其利益来选择信息，风险规避的心理偏好使得消费者对负面信息的处理比对正面信息的处理更为迅速。例如，假设某人在新闻中看到利息率降低，企业削减预算。利息率的降低并不会促使人们立即涌向银行以获得贷款，立刻增加消费。然而，企业削减开支的消息如降低工资，可以刺激工人迅速确定自己的工作是否属于裁减的范围，并立即缩减开支。这种行为上的差异是对于经济冲击的非对称反应的一个例证。理性疏忽理论对于微观个体的决策以及宏观动态行为都可以进行清晰的理论描述，而这些行为与标准的经济模型有明显的差异，这些特征激发了许多研究，可以对个体与总体的行为进行较为准确的预测。

Tutino（2008）认为 Shannon 的信道信息处理约束与人脑容量之间的关系表明，理性疏忽理论对于经济建模有很大的作用。设想一个人面对着具有不确定性的工资时，必须决定多少用于消费，多少用于工作。而选择劳动与消费的精确数量和种类，需要对当前和未来的储蓄予以关注，也需要对一个人的收入予以关注。信息处理能力约束的作用，限制了经济主体在实际活动中进行评估的指标的数量。将理性疏忽模型应用到这种情形之中，提供了一种有用的分析框架。例如，理论的预测与美国经济周期的长期趋势是一致的，消费比工作的时间更具有变动性。人们更有可能调整储蓄的数量，而不是调整工作的时间，这种行为得到了经验数据的验证。此外，在总量上这种行为的易变性将降低。

Luo 和 Young（2008）采用持久的技术冲击，把理性疏忽假说与随机增长模型结合在一起，发现在内生需求冲击的情况下，理性疏忽提高了消费对于产出的易变性。Luo 和 Young（2008）则研究了在信息处理能力有限的条件下，具有风险偏好的家庭的消费储蓄行为，发现理性的疏忽与收入的不确定性和风险的敏感性存在相互的作用，会提高预防性储蓄，同时表明理性的疏忽对于风险敏感的家庭的福利成本很大。

（二）理性疏忽框架下的经济政策研究

Woodford（2003）接受了西姆斯（2003）对于疏忽行为的假设，认为人具有不完美信息处理能力，这种有限的能力使得私人决策者不能对经济环境中的所有信息都给予关注。Woodford 引入了垄断竞争的定价模型，在这种模型中，商品供给者的最优价格决策依赖于他们对其他价格的预期，由于信息处理能力有限，单个供给者对当前经济条件的主观感觉不可避免地会受到噪声的干扰，这不仅可以解释名义扰动的实际效应，而且可以解释实际效应的持续。Woodford（2005）分析了近似理性预期条件下稳健的线性最优货币政策，这种政策可由表示对均衡动态误解的有关参数来指示。近似理性预期与理性预期模型一样，承诺对于最优货币政策来说，有重要的意义。在近似理性预期的情况下，政策决策所产生的扭曲变得更加严重，这样承诺的重要性提高了。沿着上述分析路径，Woodford（2008）进一步研究了具有信息约束的状态依赖的定价行为，提出了一个价格变动的时间选择模型，该模型由部分厂商的最优行为而得到，这些厂商在评价现行政策方面存在不变成本，Woodford 的研究表明，具有中等规模的信息成本的这种模型所产生的总体行为与 Calvo 模型非常一致，但与完全信息的菜单成本模型所预测的截然相反。

（三）理性疏忽框架下的经济周期研究

作为对经济主体的一种行为假设，理性的疏忽假说对经济波动和经济周期的分析也有较强的解释力。Mackowiak 和 Wiederholt（2007）研究了厂商与家庭决策者具有有限注意力的动态随机一般均衡模型，这些决策者需要决定如何配置其注意力。与具有完全信息的经济周期模型相反，在 Mackowiak 的研究中，信息结构是最优化问题的结果。在理性疏忽的条件下，价格对厂商的决策者的脉冲响应具有以下特征：（1）价格水平对货币政策冲击的反应缓慢；（2）价格水平对技术冲击的反应比较快；（3）价格对非总量冲击的反应非常快。这些反应意味着，由实际价格偏差导致的利润损失比新凯恩斯主义经典的 Calvo 模型中的实际效应在数量上要小。另一方面，对于家庭来说，在理性疏忽条件下消费对于货币政策冲击的脉冲反应与习惯形成模型中的反应类似。这些结果表明，价格和消费对货币政策冲击的反应较慢与 Calvo 的交错价格模型相比，产生的根源有很大的不同。

Martins 和 Sinigaglia（2009）用不确定性的复合源把理性疏忽模型与传统的真实经济周期模型结合起来，区分了劳动与相关投资的生产率短期与持久冲击。在该模型中，信息的摩擦是一种内生调整，内生变量的粘滞程度是对冲击的最优反应。信息摩擦的引入增加了消费的变动性，也增加了与产出的相关性，同时降低了劳动时间与投资的变动性和与当前产出的相关性。这在一定程度上说明，理性疏忽与信息摩擦的引入对于改进真实经济周期模型的效果是很有意义的。理性疏忽会对长期变动性与短期变动性之间的替换关系产生影响。Martins 等人认为，这一结果可以对短期波动产生的相关福利损失产生影响，也可以为研究技术传播提供分析框架。经验证据表明，理性疏忽增加了产出与消费之间的易变性和短期相关性，但降低了投资与工作时间的相关性，这有助于理解经济周期波动与长期绩效之间的联系。

Menkulasi（2009）为经济总体活动的时间序列变化提供一种微观理论，以非完美信息为基础，具有随机变化过程，利用理性疏忽理论为 RBC 模型附加了内生的信息结构，在这种经济中，经济主体必须配置其有限的信息流（或注意力）。Menkulasi 认为经济中的主体进行决策的时候并不是以可用的公共信息为基础，而是以其可以了解的信息为基础。换言之，只有在可用的公共信息被经济主体所了解时，对于决策来说才是有意义的。经济研究中通常出现的完全信息假说没有考虑经济主体不能够处理的信息数量。按照理性疏忽模型，Menkulasi（2009）把信息作为一种内生变量，经济主体根据其所处的特定状态选择处理多少信息，每一个经济主体都有其处理信息能力的约束，这使得其获得的信息有一个上限，即使处理信息的成本不容易模型化，也使其明显存在信息处理的成本，因为经济主体获取的变量的噪声越大，他按照配置信息流的成本从一种状态向另一种状态变动所需要的可用信息的比例就越高。由于经济主体必须按照总的和特殊的状态变量来分配其注意力，因而产生了一种替换关系，这种替换关系强化了总的全要素生产率冲击的变动性。这种理论的含义是，我们并不需要依赖对经济的总量冲击变动性的等比例差异来解释标准 RBC 模型所预测的总变动性的时间差异。模型的结构在数量上表明，全要素生产率的 10% 的变化会导致总量指标 20% 以上的变动。

五、简评

西姆斯教授所提出的理性疏忽理论是对传统理性经济人假说的一个重大修正，这一理论将现代信息论的基本分析工具和分析方法，引入到经济研究之中，使得经济学对于信息的分析与描述更加完整和全面，对信息问题的经济学分析所采用的逻辑更加严谨。按照理性疏忽理论的基本观点，经济主体在获取、吸收、处理信息方面的成本，导致了经济主体间信息能力的差别，经济主体理性地疏忽了某些信息，这使得信息的更新是粘滞的，因而名义变量的变化也就具有粘性特征，这有效地克服了传统的完全理性假说与现实的不一致性，使得经济主体的行为更趋现实，在此基础上建立的宏观经济模型的微观基础也更加坚实。基于理性疏忽假说的经济研究，重视经济主体实际心理与行为的差异，有效地解释了宏观经济各变量在时间过程中的变动性，克服了传统经济理论的局限性，是宏观经济学发展的一个重要方向。

参考文献

[1] Luo, Y. & E. R. Young (2008a), "Rational inattention and aggregate fluctuations", Working Paper, University of Hong Kong.

[2] Luo, Y. & E. R. Young (2008b), "Risk – sensitive consumption and savings under ra-

tional inattention", Working Paper, University of Hong Kong.

[3] Mackowiak, B. & M. Wiederholt (2007), "Business cycle dynamics under rational inattention",http: //faculty. wcas. northwestern. edu/ ~ mwi774/RationalInattentionDSGE. pdf

[4] Martins, G. &D. Sinigaglia (2009), "Real business cycle dynamics under rational inattention", MPRA Paper No. 14089, http: //mpra. ub. uni - muenchen. de/14089/.

[5] Menkulasi, J. (2009), "A rational inattention theory of macroeconomic fluctuations", https: //editorialexpress. com/cgi - bin/conference/download. cgi? db _ name = MWM2009&paper_ id = 1.

[6] Moscarini, G. (2004), "Limited information capacity as a source of inertia", Journal of Economic Dynamics and Control 28 (10), 2003 - 2035.

[7] Rolnick (2007), "Christopher Sims", The Region, Federal Reserve Bank of Minneapolis, 13 - 21.

[8] Sims, C. A. (2003), "Implications of Rational Inattention", Journal of Monetary Economics, 50 (3), 665 - 690.

[9] Sims, C. A. (2006a), "Rational Inattention: Beyond the Linear - Quadratic Case", American Economic Review, 96 (2), 158 - 163.

[10] Sims, C. A. 1998, "Stickiness" . Carnegie - Rochester Conference Series on Public Policy (49), 317 - 356.

[11] Sims, C. A. 2000, "Fiscal Aspects of Central Bank Independence" . Technical report, Princeton University.

[12] Sims, C. A. 2002, "The role of models and probabilities in the monetary policy process" . Brookings Paper on Economic Activity (2), 1 - 62.

[13] Sims, C. A. (2006b), "Rational inattention: A research agenda", Princeton University, March 2006.

[14] Tutino, A. (2008), "The rigidity of choice: Lifecycle savings withinformation - processing limits", Working Paper of Federal Reserve Board, Washington, D. C.

[15] Tutino, A. (2011a), " 'Rational Inattention' Guides Overloaded Brains, Help Economists Understand Market Behavior", Economic Letter6 (3), 1 - 4.

[16] Tutino, A. (2011b), "Rationally inattentive macroeconomic wedges", Journal of Economic Dynamics & Control (35), 344 - 362.

[17] Wiederholt, M. (2010), "Rational inattention", http: //faculty. wcas. northwestern. edu/ ~ mwi774/RationalInattention. pdf.

[18] Woodford, M. (2003), "Imperfect common knowledge and the effects of monetary policy", Philippe Aghion, Roman Frydman, Joseph E. Stiglitz and MichaelWoodford

(ed.), Knowledge, Information, and Expectations in Modern Economics: in Honor of EdmundS. Phelps, PrincetonUniversity Press, 25 – 58.

[19] Woodford M. (2005), "Robustly optimal monetary policy with near – rational expectation", NBER Working Paper 11896, http://www.nber.org/papers/w11896.

[20] Woodford, M. (2008), "Information – constrained state – dependent pricing", NBER Working Paper 14620, http://www.nber.org/papers/w14620.

[21] 赫伯特·西蒙，现代决策理论的基石：有限理性说，北京经济学院出版社，1989.

[22] 李拉亚，理性疏忽、粘性信息和粘性预期理论评介，经济学动态第2期，2011.

[23] 王军，新凯恩斯主义粘性信息理论述评，管理世界第8期，2009.

第三章　理性疏忽、粘性信息与经济周期

一、理性疏忽的含义

传统的经济周期理论无论是卢卡斯的货币经济周期理论还是基德兰德和普雷斯科特的实际经济周期理论都是建立在行为人完全理性的假设之上。然而，理性预期模型暗示代理人能够毫无代价地处理信息并对经济体系中市场信号或冲击做出迅速反应。这种假设太强，很难与人类与生俱来的能力相匹配：它要求有无限的信息处理能力。因此，完全理性假设与我们观察到的现实并不相符，而且大量的实证研究也证明了这一点：行为人并不总是理性的。

鉴于此，新凯恩斯主义者提出了理性疏忽概念，该理论认为由于人们处理信息的能力有限以及获取信息需要成本，行为人理性地选择了疏忽某些相对不重要信息。正如 Sims（1998，2003）所讨论的，如果人们具有有限的信息处理能力，他们的决策仅依赖于来自他们自身沟通渠道的观察。换句话说，他们不能及时领会集合及个别的信息，以及市场信号。Sims（2003）阐述了理性疏忽的内涵，认为信息处理能力构成了对经济主体的约束，由于处理信息能力的限制，而产生了疏忽行为。Reis（2004）提出了对经济主体的疏忽行为的描述，在标准经济模型中加入新的假设，假设获取和处理信息都需要成本。面对这些成本，经济主体选择了疏忽，即有意识地忽略某些信息，或者不是像理性预期所说的在每一时点上都选择更新已掌握的新信息。与完全理性假设相比，理性疏忽假说与现实更加贴近，该理论是西方经济学的最新发展，代表了新凯恩斯主义的前沿进展。

理性疏忽假说作为一种对经济主体的行为假设，它的意义远不止在于该理论本身，而在于建立在该假设基础上的经济理论是否能够更好地解释现实。为此一些西方学者开始把该理论运用于经济波动和经济周期的分析。

二、信息处理约束条件

本部分介绍如何从信息论的角度量化信息流并讨论如何将信息处理约束条件代入模型。Sims 用不确定性的减少来度量信息流量，其中随机变量的不确定性用熵来度量。假如随机变量 X，其概率密度函数为 f（X），则 X 的熵等于 $-E$［log（f（X）］。需要注意的是随机变量的不确定性不是取决于变量的实现而是其概率分布的实现，如果 X 服从正态分布，其熵的表达式为

$$H(X) = \frac{1}{2}\log_2(2\pi eVar(X)) \quad (3-1)$$

由此可以看出，一个服从正态分布的随机变量的不确定性取决于其方差。条件熵是用来度量在给定另外一个随机变量 Y 的条件下随机变量 X 的不确定性。如果 X 和 Y 服从联合正态分布，条件熵的表达式为：

$$H(\frac{X}{Y}) = \frac{1}{2}\log_2\left(2\pi eVar\left(\frac{X}{Y}\right)\right) \quad (3-2)$$

在量化了随机变量的不确定性后，信息流被定义为不确定性减少的比率。具体表示为：

$$I(X;Y) = H(X) - H(\frac{X}{Y}) \quad (3-3)$$

即两个随机变量间的信息流量等于前者的不确定性与后者不确定性的差。如果两个随机变量相互独立，不确定性的减少将为零，因为知道 Y 以后并不能提供有关 X 的任何进一步信息，因此前后两者的不确定性是相同的。信息处理能力受限的，模型化为随机变量不确定性的减少不是任意大的，而是存在一个上限。用以下表达式来表示信息处理能力受限：

$$I(X;Y) \leqslant k \quad (3-4)$$

其中 k 是信息处理渠道的容量，其给不确定性的减少设置了一个上限。这种渠道被视为一种设备，个体通过这种设备来处理信息，而且这种设备存在技术限制，它只能处理一定量的最大信息（Sims，1988，2003，2006）。正如 Sims（2006）所指出的，重要的是要鉴别不同经济环境下对不确定性的描述和有限信息是否存在逻辑一致性。信息处理受限被量度为 Shannon 渠道容量的限制，如以上定义，这与环境是一致的，在这种环境下，信息能够公开

可得，而利用信息的唯一成本就是人力信息处理能力成本。

三、理性疏忽经济周期理论的发展

基于 Sims 提出的理性疏忽假说，Menkulasi（2009）将其应用于经济周期的研究之中，探讨了基于理性疏忽假设的经济活动总量随时间变化而波动的微观理论。使用动态一般均衡模型，该模型假定厂商处理信息的能力有限，并将有限的注意分配在总量状态和特有状态中。根据该模型，总量冲击波动性的降低导致厂商的最优化注意力变得，分散较少注意到总体环境。结果表现为厂商对总量冲击的反应不敏感，从而扩大了初始变化对总量冲击波动的影响。作为一个实际应用，该文使用该模型来解释大稳健时期，有证据表明美国在 1984 年到 2006 年间总体经济波动性显著下降。这应用仅限于对总量和特有波动变化的测量。该模型可以解释 90% 可观察到的总产出波动的下降，其中 67% 的下降是总体技术冲击波动性下降的直接结果，另外的 23% 是从总冲击到特有冲击最优注意重分配造成的波动放大效应。缺少理性疏忽的模型可以解释前者但不能解释后者。

有充分证据表明从 20 世纪 80 年代中期一直到 2006 年，美国宏观经济波动性显著下降，紧接着从 2007 年开始宏观经济波动再创新高。大稳健期间，美国总产出的波动性下降了 50%。其中主要原因包括更优的货币政策，结构变化比如更优的存货管理以及经济冲击的波动性变得更小。而前两者仅是宏观经济波动性下降的部分原因。

至于“好运气”假说，在标准 RBC 模型中人们能够解释 50% 的产出波动性下降，其程度仅仅跟同样数额的总量技术冲击下降的波动性一样。这将导致这样一个问题即总 TFP 的波动是否实际经历了这种下降。由 Basu、Fernald、Kimball（2006）编制的 TFP 序列，其年度频率表涵盖期间为 1949 年至 1996 年，显示在大稳健期间全要素生产率创新的波动性仅下降了 15%。由 Fernald（2009）编制的季度序列涵盖时间较长，时间段为 1949 年—2006 年，并使用不同的方法显示了 34% 的跌幅。

这显然说明标准 RBC 模型的“好运气”假说存在问题。如果纯粹技术冲击经历了至多 34% 的跌幅，那么 RBC 模型只能解释产出波动 34% 的下降幅度。Menkulasi（2009）提供了一种打破总的全要素生产率冲击波动和产出波动之间线性关系的机制。提出了一种以理性疏忽形式存在的非完美信息形态，在这种信息结构中总冲击波动性的变化得以放大。基准模型校准显示，总的 TFP 冲击波动性34%的下降幅度导致了产出波动46%的跌幅。

理性疏忽意味着经济体中的代理人不是依赖经济的实际状态而是依靠他们所感知到的状态做决策，其条件就是他们的信息集（Sims，2003）。由于信息处理能力受限，代理商选择最优信号属性和精确度，以减少其对于经济真实状况的不确定性。我们可以将这种问题视为信号提取问题，其中信号的噪声属性是内生决定的。换句话说，是将所收到信号的精确度以及其统计特性作为选择变量。对处理信息的能力限制，即限制了信号的精确度。在存在一种以上状态的情况中，代理人对追踪感兴趣，信息处理问题随即变成了注意分配问题：如何在多种状态间分配信息（注意），或者表述为专门术语信号提取，如何在多个信号间分配精确性。这种分配取决于目标函数中不同状态之间的相关性，以及它们的随机过程的特性，例如它们的相对持久性和波动性。更多信息将分配给在给定方差下具有较高方差或较低持久性的变量。

模型将“注意分配”问题运用到存在异质企业的另类标准 RBC 模型中并探索冲击的传导机制。关注的重点是总技术和总结果如产出、就业、投资和消费波动性之间的关系。厂商的利润取决于总体和异质状态变量。由于处理信息的能力有限，他们不得不决定如何在不同状态间分配其信息流。考虑到异质状态具有较高的相对波动性，厂商分配更多的注意到异质环境，结果表现为对异质冲击的更为敏感和对总量冲击的较不敏感。最终导致内生变量对总冲击创新的反应受到抑制和延迟。

异质状态和总状态相对波动性的变化，决定了最优注意的分配。面对总的全要素生产率冲击波动性的下降，厂商将会将其注意力从总体环境中转移出来，因为异质环境的相对波动性提高了。这就产生了一种额外的调节效应。因此，总结果的下降幅度比总冲击的降幅要大。这就与完全信息模型“标准理性预期 RBC 模型”形成了鲜明对比。

始于2007年的金融危机，使得宏观经济波动性达到了一个新的高度。在经济体潜在总冲击波动幅度增长的前提下，该模型预测了代理商根据总体环境变化进行注意的重新分配。反过来这又放大了总冲击波动的初始变化。因此，最近一轮宏观经济波动程度的增加可能部分源于更不稳定的总冲击，还有一部分原因是将更多的注意力重新分配给宏观经济环境。

Ma′ckowiak 和 Wiederholt（2009a）研究了在部分均衡框架下价格对总名义冲击和异质冲击的不同反应。揭示了在理性疏忽假设下厂商的注意分配机制如何使得价格对异质冲击反应更为敏感，而对总名义冲击反应较不敏感。模型可以解释为什么单个价格变化频繁且剧烈，但同时总体价格水平对货币政策冲击反应却很缓慢。他们在 Sims（2003）“理性疏忽”的框架下研究厂商的价格设定。公司可以在每一时期毫无代价的调整价格。利润最大化价格取决于总体价格水平，实际总需求以及特有的状态变量（反应消费者偏好或厂商技术）。厂商决定观察什么。厂商选择每个阶段接收的信号数量以及信号的随机特性。厂商在信号序列和经济体状态序列中面临有限的信息流限制。信号的其他属性完全取决于厂商。特别的是，由于经济状态是多维的，厂商决定更为细致的观察哪些变量。该文通过规定名义总需求和特有状态变量的外生随机过程来限定模型。

模型做出如下预测。厂商每一时期均调整价格，然而相对于完美信息模型价格对冲击的脉冲反应是粘滞和延迟的。在特有的脉冲反应中衰减和延迟的程度取决于分配给某种冲击注意力的多少。在价格设定决策中异质条件较整体条件更为多变和重要，厂商会分配更多的注意给异质状态。这样，价格对异质冲击的反应就会变得快速且强烈，而对总体冲击的反应则相对微弱和缓慢。这就解释了为什么单个价格变化迅速且剧烈，而同时整体价格水平对名义冲击反应滞后。此外，还存在一种反馈效应。当厂商分配较少注意到总体状态，总体价格水平的变化很小这时厂商发现分配更少的注意力到总体状态才是最优的。这种反馈效应使得总体价格水平对名义冲击的反应会更加粘滞。

Mackowiak 和 Wiederholt（2009b）建立了一种理性疏忽动态随机一般均衡模型。家庭和厂商决策者拥有有限注意并决定如何分配其注意。他们研究理性疏忽商业周期动态的定义，发现在理性疏忽下价格脉冲反应具有几个经验脉冲反应的性质：（1）价格对货币政策冲击反应缓慢；（2）价格对全要素生产率（TFP）反应稍快；（3）价格对异质冲击反应迅速。结果，由于真实价格偏离利润最大化价格导致的利润损失是比产生同样效应的卡尔沃模型更小的数量级。同时发现消费对货币政策冲击反应缓慢。对标准参数值，偏离消费欧拉方程导致的效用损失很少，意味着家庭在消费，储蓄决策上分配很少的注意。

在理性疏忽动态随机一般均衡模型中，假设代理人不能完全处理所有可得信息。因此，由代理人根据经济条件做的价格和数量决策也不完美。决策者会犯错误，但他们试图将这些错误最小化。

经济体由家庭、厂商和政府组成。家庭提供不同的劳动，消费各种各样的商品，并持有名义政府债券。家庭设定工资并做出消费决策。厂商提供由各种不同劳动生产的各种各样的商品。厂商设定价格和要素使用决策。央行根据泰勒规则设定名义利率。模型中，价格和工资是完全灵活的。唯一的惯性就是决策者的有限注意。我们可以计算在理性疏忽下一切变量对货币政策冲击、总技术冲击和微观层面冲击的脉冲反应。

追随 Sims，研究者将注意作为信息流，将有限的注意作为信息流约束。理性疏忽意味着让代理人选择信息流的水平和分配。特别的是代理人要决定不同的决策问题该分配多少注意；而对每一个决策问题，代理人决定如何将注意分配到决定最优决策的不同要素上。

模型中厂商决策者理性疏忽有如下的含义。对参数值，厂商决策者的理性疏忽意味着价格水平对货币政策冲击的脉冲反应与卡尔沃模型中的平均价格持续时间为 7.5 个月的脉冲反应相似。换句话说，价格水平对货币政策冲击反应缓慢。同时，价格对总技术冲击反应相当快，而价格对微观层面的冲击反应也非常快。原因就是最优注意分配的问题。厂商决策者花费很少的注意到货币政策扰动上，花费大约 2 倍的注意到总技术状态，而分配更多的注意到厂商特定的状态。进一步，由于真实价格偏离利润最大化价格导致的利润损失是比产生同样效应的卡尔沃模型更小的数量级。特别的是，对总环境做出反应的次优化价格导致的利润损失比卡尔沃模型小 23 倍；同时对厂商特定状态做出反应的次优化价格造成的利润损失比卡尔沃模型小 57 倍。主要原因就是最优注意的分配，这就意味着价格对货币政策冲击反应缓慢，对总技术冲击反应相对要快，而对微观层面的冲击反应异常迅速。在卡尔沃模型中（Calvo model），价格对一切冲击都反应缓慢。产生这一结果的另一原因是在理性疏忽下厂商决策者做出的真实价格偏离利润最大化价格的决策时没有卡尔沃模型那般极端。

当把理性疏忽假设施加于家庭中，结果发现，对于标准参数值，家庭花费很少的注意在消费－储蓄决策上，因为偏离消费欧拉方程导致的效用损失很少。结果，消费对冲击反应缓慢。消费对冲击的脉冲反应跟习惯形成模型中消费的脉冲反应很相似。

Luo 和 Young（2009）将理性疏忽假设——即代理人处理信息受到有限途径的限制，引入到伴有永久技术冲击的随机增长模型。研究发现在引进内生需求冲击的情况下相比产量波动理性疏忽提高了消费的波动性。进一步引入理性疏忽能够提供一种额外的内生传导机制（通过产量增长的脉冲反应函数和自相关函数来度量）并导致产量预测变动的更大差异。然而，理性疏忽不能解答真实经济周期中存在的困惑——较弱的内生传导和较低的预测产量变动方差。但是，在这样的模型中，当一般均衡效应缺失并且异质冲击与总冲击不能区分时，理性疏忽有很强的传导效应。

众所周知，标准 RBC 模型显示出很弱的内生传导机制：总产出和劳动供给的脉冲反应几乎完全可以追踪到总技术的外生随机过程。即模型仅在假设存在外生驱动过程的情况下才产生真实的产出和雇佣动态效应。例如，Cogley 和 Nason（1993）在一个典型的 RBC 模型中产量波动取决于最初的脉冲动力学，而内生传导机制微乎其微。实证中，美国 GDP 数据具有明显的恢复趋势的成分，以典型地对暂时冲击的凸起反应为特征，如 Blanchard 和 Quah（1989）所记录的，而标准的 RBC 模型产量和劳动供给对暂时冲击只能产生单调的反应。标准模型不能复制的一个相关的观测是产量增长在短期显示出正自相关。事实上，如果技术冲击假设是随机游走的，模型显示产量增长是零持续的。Rotemberg 和 Woodford（1996）强调第三个相关的异常：标准 RBC 模型仅能产生大约百分之一的产量预测变动的真实变动；因为一切动态都是由外生冲击驱动，随机游走技术没有预测的成分。

Luo 和 Menkulasi 等经济学家探索在简单的随机增长模型中引入理性疏忽假设是否有助于克服以上提到的缺点和不足。这种对标准模型的拓展受到了 Sims（2003）的启发。结果由于他们对世界的变化接受较慢导致对冲击的反应延迟。特别的是，他们研究伴有永久技术冲击和信息处理受限的简单随机增长模型以探索这种摩擦能否解决 RBC 模型中现存的一些困惑。他们假定社会策划者将有限的信息能力用于观察经济的单变量状态，既然能力有限，状态就不能完全被观察到。结果，由此做出的消费——储蓄及劳动——闲暇决策，以及实际状态中信息的变化就不能完全被吸收到预测当中。换句话说，决策者被迫拿出一定的时间去消化经济中的信息。可以通过引进总冲击和异质冲击来改变基本模型。对理性疏忽主体来说，异质冲击由于具有相对较大的方差使得他们几乎支配了代理人有限的注意。这里，我们有两个理由来假设一种清晰的二次线性环境：容易加总、价格外生以主导竞争的社会规划问题。假设总冲击是随机游走而异质冲击是白噪声；进而，总冲击和异质冲击不能分开观察。相对于总冲击，异质冲击的规模变大，产出对技术的脉冲反应变得持续而强烈。因此，经济体看起来跟理性疏忽经济体极为相似，当把这两种效应合为一体，将会使得产出增长保持显著的持续性。

Ma′ckowiak 和 Wiederholt（2009a）研究了在部分均衡框架下价格对总的名义冲击和异质冲击的不同反应。揭示了在理性疏忽假设下厂商的注意分配机制如何使得价格对异质冲击反应更为敏感而对总名义冲击的反应较不敏感。Menkulasi（2009）与 Ma′ckowiak 和 Wiederholt（2009a）相比，不同之处有二：首先是在一般均衡真实经济周期框架下研究理性疏忽如何影响整体技术冲击的传播机制；其次得出了一个关乎理性疏忽的新结论，即波动性放大效应。其主要贡献之一就是对 Ma′ckowiak 和 Wiederholt（2009a）中介绍的机制能否解释“大稳健”进行了数据检验。

Luo 和 Young（2009）将理性疏忽引入到伴有永久性技术冲击的随机增长模型，并探索了理性疏忽在何种程度上可以丰富 RBC 理论中存在的弱内生传导机制。Menkulasi（2009）与该文章的共同之处是都在 RBC 理论框架下研究技术冲击的传播机制。不同之处在于所感兴趣的问题以及所采取的解决方案。Menkulasi（2009）以“大稳健”时期作为主要案例，探索了在 RBC 理论框架下理性疏忽的二阶矩效应。同时也解决了一个竞争性均衡，它使得一个存在多个状态变量的理性疏忽模型具有解决方案并解释了冲击传导的一般均衡效应。Menkulasi（2009）和 Mackowiak 和 Wiederholt（2009b）都是在理性疏忽动态随机一般均衡模型的基础上进行分析的，主要不同在于前者假定厂商拥有有限注意而家庭拥有完美信息，而后者假设家庭和厂商都拥有有限的注意。

四、理性疏忽框架下的经济周期模型

本部分介绍 Luo、Young（2009）、Menkulasi（2009）等构建的具有理性

疏忽信息条件的经济周期与波动模型，该模型是由家庭和厂商组成的动态一般均衡模型，假设厂商受到信息处理能力的限制，利用资本和劳动生产同质产品，面对规模报酬递减生产函数以及厂商层面的技术冲击。家庭在完全信息下制定消费、劳动以及投资决策，他们不会受到信息处理能力限制。

（一）家庭

家庭部门代表了拥有完美信息的代表性消费者，完美信息意味着家庭了解相关状态的一切历史信息，家庭选择最优的消费和劳动组合以最大化其预期效用函数：

$$\max E_0 \sum_{t=0}^{\infty} \beta^t \left[\frac{C_t^{1-\gamma} - 1}{1-\gamma} - \theta \frac{L_t^{1+\psi}}{1+\psi} \right] \tag{3-5}$$

其中 C_t 是总消费，L_t 是家庭的劳动供给，γ 是相对风险厌恶系数，ψ 是劳动供给弹性的相反数，θ 表示劳动带来的负效用水平。家庭预算约束方程为：

$$C_t + K_{t+1} = \omega_t L_t + (1 + r_t - d) K_t + \Pi_t \tag{3-6}$$

等式左边表示家庭总支出：消费和资本支出，等式右边代表家庭总收入：劳动收入、资本收入和股息红利收入。其中 ω_t 和 r_t 分别表示工资率和租金率，d 是资本折旧率，Π_t 是家庭从公司所有权中获得的股息红利收益。模型假设劳动都是同质的。

横截性条件为：

$$\lim_{T\to\infty} E_0 [\pi_{t=0}^{T} (1 + r_{t+1})^{-1}] K_{T+1} = 0 \tag{3-7}$$

在了解 $\{w_t, r_t\}$ 的历史并领会时期 t 的情况后，家庭选择时期 t 的消费、劳动供给以及下一期资本存量 $\{C_t, L_t, K_{t+1}\}$。家庭问题的一阶条件为：

$$C_t^{-\gamma} \omega_t = \theta L_t^{\psi} \tag{3-8}$$

$$C_t^{-\gamma} = \beta E [C_{t+1}^{-\gamma} (1 + r_{t+1} - d)] \tag{3-9}$$

（二）厂商

为了避免对价格设定的过分关注，也为了使模型尽可能接近标准 RBC 模型，使用规模报酬递减生产函数以得到一个非退化的企业规模分布。每个厂商面对的生产技术如下：

$$y_{it} = e^{a_t} e^{a_{it}} k_{it}^{\alpha} l_{it}^{\delta}, \alpha + \delta < 1 \tag{3-10}$$

其中 a_t 和 a_{it} 分别表示共有的和厂商层面的异质 TFP 冲击。在一个存在多样化厂商和规模报酬递减的环境中，厂商有进入和退出的动机。为避免这种麻烦，模型假设均衡状态下没有进入和退出。可以假设存在多种制度障碍使得这种进入和退出代价异常昂贵。厂商雇佣无差别的劳动力并生产同质的产品，但他们面对的全要素生产率水平不同，而且生产水平以及使用的劳动和资本水平也不同。

a_t 和 a_{it} 遵循外生随机过程，定义式如下：

$$a_t = \rho_A a_{t-1} + \varepsilon_t \tag{3-11}$$

$$a_{it} = \rho_I a_{it-1} + u_t \tag{3-12}$$

其中 $\varepsilon_t \sim N(0,\sigma_\varepsilon^2), u_t \sim N(0,\sigma_u^2)$

每个时期的利润函数为：

$$\pi(k_{it} l_{it} \omega_t r_t) = e^{a_t} e^{a_{it}} k_{it}^{\alpha} l_{it}^{\delta} - \omega_t l_{it} - r_t k_{it} \tag{3-13}$$

即利润等于总产出扣除工资和租金，其中平均工资率和租金率由厂商决定。

厂商在面对信息处理能力限制的情况下选择资本和劳动的投入量以最大化其利润。t 时期厂商 i 选择 k_{it}^* 和 l_{it}^* 以满足如下条件：

$$\max_{\{k_{it}, l_{it}\}} \left[E \sum_{\tau=t}^{\infty} \tilde{\beta}_\tau \Pi(k_{i\tau}, l_{i\tau}, \omega_\tau, r_\tau, a_\tau, a_{i\tau}) / s_i^t \right] \tag{3-14}$$

其中 $s_i^t = \{s_{i,1}, s_{i,2}, \cdots\cdots s_{i,t}\}$ 是厂商 i 接收到的关于经济体总体状态和异质状态的信号的历史。该信息集是厂商据此作出劳动和资本决策的厂商层面的信息集。厂商选择的信号处理过程是内生变量。在知道信号如何影响信息集以及最优投入需求决策的情况下，每个厂商选择其接收信号的精确度。为了确保注意分配问题的稳态，假定厂商在 0 时期接收无限序列的历史信号 $s_i^0 = \{s_{i,-\infty}, \cdots\cdots s_{i,-2}, s_{i,-1}, s_{i,0}\}$，在 0 时期厂商 i 面临的问题就是：

$$\max \underset{\{s_{it}\} \in S}{E} \left[\sum_{t=0}^{\infty} \tilde{\beta}_t \Pi(k_{it}, l_{it}, \omega_t, r_t, a_t, a_{it}) \right] \tag{3-15}$$

约束条件为

$$I(\{\omega_t, r_t, a_t, a_{it}\}; \{s_{it}\}) \leqslant \kappa \tag{3-16}$$

其中 I（·）代表厂商试图追踪的状态和选择接收的有关这些状态的信号间的平均信息流，κ 表示厂商每个时期能够处理的最大信息量。为了使模型简化，做以下三点假设：首先，当前的信号不包括有关未来冲击的任何信息；其次，厂商接收的关于总体状态 (w_t, r_t, a_t) 的信号子集和异质状态的信号子集是分割的，即 $(s_{it}^A, w_t, r_t, a_t)$ 和 (s_{it}^I, a_{it}) 是独立的，这样的假定意味着关注总体状态和异质状态是两种分离的活动；最后，（$s_{it}^{A}, s_{it}^{I}, w_t, r_t, a_t, a_{it}$）服从静态高斯过程。

（1）完美信息

在解决非完美信息之前，有必要先总结一下完美信息下厂商问题的解决方法，这将会对注意分配问题有利。

完美信息下，厂商面临的问题是：

$$\max_{l_{it},k_{it}}\{e^{a_t}e^{a_{it}}k_{it}^{\alpha}l_{it}^{\delta} - w_t l_{it} - r_t k_{it}\} \tag{3-17}$$

暗含的一阶条件为：

$$w_t = \delta e^{a_t}e^{a_{it}}k_{it}^{\alpha}l_{it}^{\delta-1} \tag{3-18}$$

$$r_t = \alpha e^{a_t}e^{a_{it}}k_{it}^{\alpha-1}l_{it}^{\delta} \tag{3-19}$$

即 $\frac{w_t}{r_t} = \left(\frac{\delta}{\alpha}\right)\frac{k_{it}}{l_{it}}$，这意味着所有厂商的资本劳动比都相同，厂商层面的劳动和资本需求水平为：

$$l_{it} = \left[\frac{\delta e^{a_t}e^{a_{it}}\left(\frac{\alpha w_t}{\delta r_t}\right)^{\alpha}}{w_t}\right]^{\frac{1}{1-\alpha-\delta}} \tag{3-20}$$

$$k_{it} = l_{it}\left(\frac{w_t}{r_t}\frac{\alpha}{\delta}\right) \tag{3-21}$$

将家庭和厂商的一阶条件进行对数线性化①：

$$\psi\hat{L}_t + \gamma\hat{C}_t = \hat{w}_t \tag{3-22}$$

$$\hat{C}_t = E\left(\hat{C}_{t+1} - \frac{\hat{r}_{t+1}}{\gamma}\right) \tag{3-23}$$

$$\hat{w}_t = a_t + a_{it} + \alpha\hat{k}_{it}^{F} + (\delta - 1)\hat{l}_{it}^{F} \tag{3-24}$$

$$\hat{r}_t = a_t + a_{it} + (\alpha - 1)\hat{k}_{it}^{F} + \delta\hat{l}_{it}^{F} \tag{3-25}$$

$$\hat{k}_{it}^{F} - \hat{l}_{it}^{F} = \hat{w}_t - \hat{r}_t \tag{3-26}$$

$$\hat{y}_{it}^{F} = a_t + a_{it} + \alpha\hat{k}_{it}^{F} + \delta\hat{l}_{it}^{F} \tag{3-27}$$

$$\hat{l}_{it}^{F} = \frac{1}{1-\alpha-\delta}[a_t + a_{it} - (1-\alpha)\hat{\omega}_t - \alpha\hat{r}_t] \tag{3-28}$$

$$\hat{k}_{it}^{F} = \frac{1}{1-\alpha-\delta}[a_t + a_{it} - \delta\hat{\omega}_t - (1-\delta)\hat{r}_t] \tag{3-29}$$

---

① Jeta Menkulasiy, (2009) " Rational Inattention and Changes in Macroeconomic Volatility," University of Maryland, November 9, 2009.

$$\hat{Y}_t = \frac{\bar{C}}{\bar{Y}}\hat{C}_t + \frac{\bar{K}}{\bar{Y}}(\hat{K}_{t+1} - (1-d)\hat{K}_t) \tag{3-30}$$

加总厂商的一阶条件，得到6个方程和6个未知数 $\{L_t, K_{t+1}, C_t, Y_t, w_t, r_t\}$，6个方程分别为（3－22）、（3－23）、（3－30）和以下方程：

$$\hat{Y}_t = a_t + \alpha\hat{K}_t + \delta\hat{L}_t \tag{3-31}$$

$$\hat{L}_t = \frac{1}{1-\alpha-\delta}[a_t - (1-\alpha)\hat{\omega}_t - \alpha\hat{r}_t] \tag{3-32}$$

$$\hat{K}_t = \frac{1}{1-\alpha-\delta}[a_t - \delta\hat{\omega}_t - (1-\delta)\hat{r}_t] \tag{3-33}$$

在完美信息下，即每个时期厂商均能够完美地观察到 $\{a_t, a_{it}, \omega_t, r_t\}$ 的情况下，厂商的对数线性决策规则为：方程（3－28）和（3－29），总的劳动和资本遵循方程（3－32）和（3－33）。

需要注意的是完美信息下，从厂商角度讲总经济体跟RBC模型中有代表性的代理人行为很相像，其中总体变量仅依赖于总技术冲击而异质冲击不复存在。介绍完美信息下的均衡解对引入理性疏忽和完美信息的主要区别是重要的。

（2）理性疏忽

可以用对均衡状态的对数偏离来表达利润函数的二次对数估计。定义 $\hat{\pi}(a_t, a_{it}, \hat{k}_{it}, \hat{l}_{it}, \hat{\omega}_t, \hat{r}_t) = \pi(e^{a_t}, e^{a_{it}}, \bar{K}e^{k_{it}}, \bar{L}e^{l_{it}}, \bar{\omega}e^{\hat{\omega}_t}, \bar{r}e^{\hat{r}_t})$，$\hat{\pi}$（0，0，0，0，0，0）的二阶泰勒展开为①：

$$\begin{aligned}\tilde{\pi}(a_t, a_{it}, \hat{k}_{it}, \hat{l}_{it}, \hat{\omega}_t, \hat{r}_t) &\approx \hat{\pi}(0,0,0,0,0,0) + \hat{\pi}_1 a_t + \hat{\pi}_2 a_{it} + \hat{\pi}_3\hat{k}_{it} + \hat{\pi}_4\hat{l}_{it} \\ &+ \hat{\pi}_5\hat{\omega}_t + \hat{\pi}_6\hat{r}_t + \frac{\hat{\pi}_{11}}{2}a_t^2 + \frac{\hat{\pi}_{22}}{2}a_{it}^2 + \frac{\hat{\pi}_{33}}{2}\hat{k}_{it}^2 + \frac{\hat{\pi}_{44}}{2}\hat{l}_{it}^2 + \frac{\hat{\pi}_{55}}{2}\hat{\omega}_t + \frac{\hat{\pi}_{66}}{2}\hat{r}_t + \hat{\pi}_{12}a_t a_{it} + \\ &\hat{\pi}_{13}a_t\hat{k}_{it} + \hat{\pi}_{14}a_t\hat{l}_{it} + \hat{\pi}_{15}a_t\hat{\omega}_t + \hat{\pi}_{16}a_t\hat{r}_t + \hat{\pi}_{23}a_{it}\hat{k}_{it} + \hat{\pi}_{24}a_{it}\hat{l}_{it} + \hat{\pi}_{25}a_{it}\hat{\omega}_t + \hat{\pi}_{26}a_{it}\hat{r}_t \\ &+ \hat{\pi}_{34}\hat{k}_{it}\hat{l}_{it} + \hat{\pi}_{35}\hat{k}_{it}\hat{\omega}_t + \hat{\pi}_{36}\hat{k}_{it}\hat{r}_t + \hat{\pi}_{45}\hat{l}_{it}\hat{\omega}_t + \hat{\pi}_{46}\hat{l}_{it}\hat{r}_t + \hat{\pi}_{56}\hat{\omega}_t\hat{r}_t\end{aligned}$$

通过利润函数逼近，厂商选择的最优的资本和劳动投入为

$$\hat{l}_{it}^* = \varphi_a^L E\left[\frac{a_t}{s_i^t}\right] + \varphi_I^L E\left[\frac{a_{it}}{s_i^t}\right] + \varphi_\omega^L E\left[\frac{\omega_t}{s_i^t}\right] + \varphi_r^L E\left[\frac{r_t}{s_i^t}\right] \tag{3-34}$$

$$\hat{k}_{it}^* = \varphi_a^K E\left[\frac{a_t}{s_i^t}\right] + \varphi_I^K E\left[\frac{a_{it}}{s_i^t}\right] + \varphi_\omega^K E\left[\frac{\omega_t}{s_i^t}\right] + \varphi_r^K E\left[\frac{r_t}{s_i^t}\right] \tag{3-35}$$

① Jeta Menkulasiy," A Rational Inattention Theory of Macroeconomic Fluctuations," University of Maryland at College Park, MD, 20740.

其中 $\{k_{it}^*, l_{it}^*\}$ 代表理性疏忽下最优的资本和劳动投入。

作为参照，完美信息下厂商 i 在 t 时期的劳动和资本投入分别为：

$$\hat{l}_{it}^F = \varphi_a^L a_t + \varphi_I^L a_{it} + \varphi_\omega^L \omega_t + \varphi_r^L r_t \tag{3-36}$$

$$\hat{k}_{it}^F = \varphi_a^K a_t + \varphi_I^K a_{it} + \varphi_\omega^K \omega_t + \varphi_r^K r_t \tag{3-37}$$

由以上等式可以看出

$$\hat{l}_{it}^* = E[\hat{l}_{it}^F / s_i^t], \hat{k}_{it}^* = E[\hat{k}_{it}^F / s_i^t]$$

在非完美信息下运营的公司根据感知到的状态（$E[a_t/s_i^t], E[a_{it}/s_i^t]$）选择要素投入，而在完美信息下经营的公司根据经济的实际状态（a_t, a_{it}）选择要素投入。只要要素投入与完美信息下不同，就会存在利润损失。这种损失可以用如下函数度量：

$$L \equiv \hat{\pi}(a_t, a_{it}, \hat{k}_{it}^*, \hat{l}_{it}^*, \hat{\omega}_t, \hat{r}_t) - \hat{\pi}(a_t, a_{it}, \hat{k}_{it}^F, \hat{l}_{it}^F, \hat{\omega}_t, \hat{r}_t)$$

其可以简化为

$$L = \frac{\hat{\pi}_{33}}{2}(\hat{k}_{it}^* - \hat{k}_{it}^F)^2 + \frac{\hat{\pi}_{44}}{2}(\hat{l}_{it}^* - \hat{l}_{it}^F)^2 + \hat{\pi}_{34}(\hat{k}_{it}^* - \hat{k}_{it}^F)(\hat{l}_{it}^* - \hat{l}_{it}^F) \tag{3-38}$$

以上损失函数的第一项度量的是次优化的资本选择带来的利润损失，第二项是次优化的劳动投入造成的利润损失。最后一项衡量一个变量的失误引起另一个变量失误所付出的代价。

注意分配问题可以表述为

$$\min_{\{s_{it}\}} E\left\{\sum_{t=0}^{\infty}\beta^t\left[\frac{\hat{\pi}_{33}}{2}(\hat{k}_{it}^* - \hat{k}_{it}^F)^2 + \frac{\hat{\pi}_{44}}{2}(\hat{l}_{it}^* - \hat{l}_{it}^F)^2 + \hat{\pi}_{34}(\hat{k}_{it}^* - \hat{k}_{it}^F)(\hat{l}_{it}^* - \hat{l}_{it}^F)\right]\right\} \tag{3-39}$$

即代表利润损失最小化，其中

$$\hat{l}_{it}^F = \frac{1}{1-\alpha-\delta}[a_t + a_{it} - (1-\alpha)\hat{\omega}_t - \alpha\hat{r}_t] \tag{3-40}$$

$$\hat{k}_{it}^F = \frac{1}{1-\alpha-\delta}[a_t + a_{it} - \delta_t\hat{\omega}_t - (1-\delta)\hat{r}_t] \tag{3-41}$$

$$\hat{l}_{it}^* = E[\hat{l}_{it}^F / s_i^t] \tag{3-42}$$

$$\hat{k}_{it}^* = E[\hat{k}_{it}^F / s_i^t] \tag{3-43}$$

$$I(\{\omega_t, r_t, a_t, a_{it}\}; \{s_{it}\}) \leqslant \kappa \tag{3-44}$$

（三）均衡

均衡条件包括家庭的一阶条件：

$$C_t^{-\gamma}\omega_t = \theta L_t^{\psi} \tag{3-45}$$

$$C_t^{-\gamma} = \beta E[C_{t+1}^{-\gamma}(1 + r_{t+1} - d)] \tag{3-46}$$

资源约束：

$$C_t + K_{t+1} - (1 - d)K_t = Y_t \tag{3-47}$$

以及劳动和资本市场的均衡条件：

$$L^S(\omega_t, r_t, a_t) = \int_i L^d(s_i^t) \tag{3-48}$$

$$K^S(\omega_t, r_t, a_t) = \int_i K^d(s_i^t) \tag{3-49}$$

市场出清条件 $Y_t = \int y_{it}\, di$, $K_t = \int k_{it}\, di$, $L_t = \int l_{it}\, di$

厂商层面 TFP 总过程和异质过程遵循一阶自回归，表达式如下：

$$a_{it} = \rho_I a_{it-1} + u_{it} \tag{3-50}$$

$$a_t = \rho_A a_t + \varepsilon_t$$

$$\int a_{it}\, di = 0 \tag{3-51}$$

五、理性疏忽增长模型与 RBC 理论的比较

（一）基本 RBC 理论模型

实际经济周期理论是在新古典增长模型的基础上发展起来的。典型的 RBC 模型以有关偏好、禀赋和技术的假设为前提，不但可以捕捉经济增长和经济周期的主要特征，并且模型很容易用来进行经济分析，在这种模型经济中，假设存在大量的、长生不老的、相同的家庭和厂商，经济决策反映了代表性行为人的决策。产品市场和生产要素市场都是完全竞争的，家庭向厂商提供资本服务收取租金和出售劳动获得实际工资。每个时期，厂商选择资本和劳动的数量使得利润最大化。厂商采用规模收益不变的生产技术，不过生产函数要受到随机技术冲击的影响。

显然，RBC 理论探讨的是在古典假说前提条件及规模报酬不变情况下，代表性行为人为使自身效用最大化而对外部实际波动所做的理性反应，以及由此所表现出来的宏观经济波动现象。其模型涉及生产函数、资本积累、偏好及技术（即波动来源等），而且模型也随着假定条件改变而变化。

1. 偏好

偏好是个人在消费与投资、工作与闲暇之间的一种选择水平，有当期消费与未来消费的选择、当期闲暇与未来闲暇之间的选择，还有当期工作与闲暇之间的选择，其选择的目的是使个人在理性预期条件下达到自身效用的最大化水平。假设经济由众多的、长生不老的相同的家庭组成，由他们做出有关消费、投资和劳动的决策。代表性家庭的偏好由随机序列消费 C_t 和闲暇 L_t 定义的效用函数 $u(C_t,L_t)$ 给出。$u(C_t,L_t)$ 关于这两个变量都是递增的、可微的，并且，满足通常的条件，即对 $i=1,2,u_i>0,u_{ii}<0$，$u_i(0)=\infty,u_i(\infty)=0$，其中 i 表示函数 $u(\cdot,\cdot)$ 关于第 i 个变量的偏导数。每个家庭的目的是选择消费序列 $\{C_t\}_{t=1}^{\infty}$ 和闲暇序列 $\{L_t\}_{t=1}^{\infty}$，使如下的预期效用最大化：

$$E_t\sum_{t=0}^{\infty}\beta^t u(C_t,L_t) \tag{3-52}$$

其中 β 为主观贴现因子（$0<\beta<1$），它反映消费者对当前的消费—闲暇组合和未来的消费—闲暇组合的偏好；E_t 是根据 t 期所有信息形成的数学期望。无限期界限假设可以大大简化经济增长和经济周期的数学分析，而且，这也可以近似视为有许多长寿的行为人经济。为便于分析，通常假定该模型经济中人口是不变的。从效用函数的性质可知，式（3－52）中的瞬时效用函数 $u(C_t,L_t)$ 是关于这两个变量的规则凹函数。这意味着行为人对平滑的消费和闲暇的偏好，并且，如果利率和工资率隐含各个时期消费和闲暇的不同成本时，行为人愿意进行跨期代。

2. 资本积累

在简单的新古典框架下，产品要么用于消费，要么用于投资。资本存量 K_t 的运动规律为如下的资本积累方程，即下一期的资本等于新投资加上本期资本存量减去折旧：

$$K_{t+1}=(1-\delta)K_t+I_t 0\leqslant\delta\leqslant 1 \tag{3-53}$$

其中，δ 为资本折旧率，I_t 为第 t 期的投资。假定所有的家庭都知道初始的资本存量 K_0

3. 技术冲击

假定技术冲击是一个一阶自回归过程（即马尔科夫过程）。特别地，Z_t 满足如下的运动规律：

$$Z_t = \gamma Z_{t-1} + \varepsilon_t \sim N(0,\sigma_\varepsilon^2) \tag{3-54}$$

其中，γ 为技术变量的参数（$0 < \gamma < 1$）。事实上，Z_t 就是随机技术进步，它代表产出的变化不能由投入品变化所解释的部分。Solow（1957）、Kydland 和 Prescott（1982）均将这一剩余视为技术冲击。

4. 生产函数

在完全竞争市场下，代表性厂商的生产技术由以下规模不变的生产函数来描述：

$$Y_t = Z_t f(K_t, N_t) \tag{3-55}$$

其中，K_t, N_t 分别是 t 时期的资本投入量和劳动投入量，Z_t 表示严格为正的随机参数（技术冲击），它使生产函数上下移动，改变全要素生产率。生产函数 f 为一阶齐次规则函数，具有正的递减的边际产品。由于生产函数是规模收益不变的，这意味着它们在均衡下获得零利润，因此只有一家厂商和许多厂商的经济是一样的。

5. 资源约束

在每个时期里，行为人都面对两种资源约束。其一是用于工作和闲暇的时间等于其时间禀赋，将行为人的每一时期工作与闲暇的时间正规化为"1"，则时间约束为

$$N_t + L_t = 1 \tag{3-56}$$

其二是消费与投资之和等于产出，即：

$$Y_t = C_t + I_t \tag{3-57}$$

等式（3-57）对应于没有政府的封闭经济的基本国民收入核算恒等式。由于在大多数发达国家中，用未改良的土地和不可再生资源进行生产只是总产出的一小部分，所以模型中忽略了其他资源禀赋。

基于以上对一个简单经济的偏好、技术和随机结构的设定，在每个时期都要进行三种商品的交易：产品、劳动和资本服务。由于不存在外部性和其他扭曲，竞争均衡时帕累托最优的，行为人是同质的，因此，帕累托最优就是代表性行为人在一定约束条件下的预期福利最大化问题的解，即：

$$\max E_t \sum_{t=0}^{\infty} \beta^t u(C_t, L_t) \tag{3-58}$$

K_0 和 Z_0 是事先给定的，约束条件为式（3-53）－（3-57）。至此目标函数（3-58）及约束条件式（3-53）－（3-57）构成了代表性家庭

的最大化问题，这个动态随机一般均衡模型也就是基本的 RBC 理论模型。

（二）理性疏忽随机增长模型推导

本部分展示了社会规划者面临信息处理约束式的最优决策问题。追随 King、Plosser、Rebelo（1988）和 Rotemberg and Woodford（1996），假定总技术冲击是持久的，因此模型遵循随机增长路径。疏忽模型是建立在 RBC 模型基础上的，为了求解的方便，在介绍理性疏忽随机增长模型之前，有必要先对标准模型进行数学变换。假设行为人具有无限期界的生命，行为人在初期（t = 0）的效用函数服从相对风险规避型（CRRA）效用函数，即

$$\max_{\{C_t,L_t\}} E_0 \sum_{t=0}^{\infty} \left[\beta^t \frac{C_t^{1-\gamma}}{1-\gamma} V(1-L_t) \right] \tag{3-59}$$

$$C_t + I_t \leqslant Y_t \tag{3-60}$$

$$Y_t \leqslant K_t^{\alpha} (Z_t L_t)^{1-\alpha} \tag{3-61}$$

$$K_{t+1} \leqslant I_t + (1-\delta) K_t \tag{3-62}$$

$$\log Z_{t+1} = \mu + \log Z_t + \omega \varepsilon_{t+1} \tag{3-63}$$

其中 C_t 表示第 t 期的消费，L_t 表示第 t 期总的劳动供给，I_t 表示第 t 期总投资，K_t 是第 t 期的资本存量，Y_t 表示 t 期总产出，Z_t 表示随机游走技术过程，伴随漂移项 μ 和方差为 1 的白噪声（即 ε_{t+1} 的方差为 1）。β 表示行为人的主观贴现率，γ 表示行为人的相对风险规避系数。特别地，当 $\gamma = 1$，以上效用函数退化为对数效用函数 $\log C_t + V(1-L_t)$。参数满足 $\alpha,\beta \in (0,1)$，$\delta \in [0,1]$ 以及 $\mu,\omega,\gamma > 0$。合并方程式（3 - 60）、（3 - 61）和（3 - 62）可得到如下资本的运动规律：

$$K_{t+1} = K_t^{\alpha} (Z_t L_t)^{1-\alpha} - C_t + (1-\delta) K_t \tag{3-64}$$

需要注意的是 Z_t，产出和消费都服从单位根假设。

依据 Hansen（1985），假设 $V(1-L_t) = \eta(1-L_t)$。尽管产出过程是非稳定的，以下的比例却是稳定的：$\tilde{K}_t = \frac{K_t}{Z_t}$，$\tilde{Y}_t = \frac{Y_t}{Z_t}$，$\tilde{C}_t = \frac{C_t}{Z_t}$，$\tilde{I}_t = \frac{I_t}{Z_t}$，在给定的偏好限制条件下 L_t 总是稳定的。将资本的演化方程（3 - 64）正规化为：

$$\tilde{K}_{t+1} = \exp(-\mu - \omega\varepsilon_{t+1}) (\tilde{K}_t^{\alpha} \delta L_t^{1-\alpha} - \tilde{C}_t + (1-\delta)\tilde{K}_t) \tag{3-65}$$

同样地，目标函数可以正规化为 $\tilde{C}_t$ 的形式，有效折现系数变为 $\beta\exp(-\mu - \omega\varepsilon_{t+1})(1-\lambda)$。通常这种标准福利最大化问题的解决办法是一系列相倚规则，它具体说明了每时期需要消费多少和工作多长时间。依据

Campbell（1994）利用对数线性化的方法来求解模型。首先规划问题的效率条件为：

$$\eta = \tilde{C}_t^{-\gamma}(1-\alpha)\frac{\tilde{Y}_t}{L_t} \tag{3-66}$$

$$\tilde{C}_t^{-\gamma} = \beta E_t\left[\exp(-\mu-\omega\varepsilon_{t+1})(\tilde{C}_{t+1}^{-\gamma})(1+\alpha\frac{\tilde{Y}_{t+1}}{\tilde{K}_{t+1}}-\delta)\right] \tag{3-67}$$

$$exp\ (\mu+\omega\varepsilon_{t+1})\ \tilde{K}_{t+1} = \tilde{K}_t^{\alpha}\ \delta\ L_t^{1-\alpha} + (1-\delta)\ \tilde{K}_t - \tilde{C}_t \tag{3-68}$$

$$\lim_{t\to\infty}\beta^t\tilde{K}_{t+1}\tilde{C}_t^{-\gamma} = 0 \tag{3-69}$$

其次，均衡增长路径可以定义为以下三个等式体系：

$$\eta = (1-\alpha)\frac{\tilde{K}^{\alpha}L^{-\alpha}}{\tilde{C}^{\gamma}} \tag{3-70}$$

$$1 = \exp(-\mu)(\tilde{K}^{\alpha-1}L^{1-\alpha}-\frac{\tilde{C}}{\tilde{K}}+1-\delta) \tag{3-71}$$

$$1 = \beta\exp(-\mu)(1-\delta+\alpha\tilde{K}^{\alpha-1}L^{1-\alpha}) \tag{3-72}$$

比较合理的参数校准如下表（表 3－1）

表 3－1

δ	α	μ	η	β	ω
0.018	0.36	0.004	2.84	0.99	0.0073

将以上的方程组[①]对数线性化得出最优线性决策规则；这个过程可以得到一些近似的分析结果。由此产生的线性系统为：

$$c_t = \alpha k_t - \alpha l_t \tag{3-73}$$

$$k_{t+1} = -\omega\varepsilon_{t+1} + \frac{\tilde{K}^{\alpha}L^{1-\alpha}}{\tilde{K}\exp(\mu)}(\alpha k_t+(1-\alpha)l_t) - \frac{\tilde{C}}{\tilde{K}\exp(\mu)}c_t + \frac{(1-\delta)\tilde{K}}{\tilde{K}\exp(\mu)}k_t \tag{3-74}$$

$$-\gamma c_t = E_t\left[-\gamma c_{t+1} + \frac{\alpha\tilde{K}^{\alpha-1}L^{1-\alpha}}{1-\delta+\alpha\tilde{K}^{\alpha-1}L^{1-\alpha}}((\alpha-1)k_{t+1}+(1-\alpha)l_{t+1})\right] \tag{3-75}$$

小写字母表示从任何静态变量对稳定状态的偏差。最优决策规则的形式为：

① Luo, Yulei and Eric R. Young, 2008a, "Rational Inattention and Aggregate Fluctuations", Working Paper, University of Hong Kong, November 2008.

$$c_t = \psi k_t \tag{3-76}$$

$$l_t = \varphi k_t \tag{3-77}$$

系数为（ψ,φ），可以使用 Campbell（1994）中介绍的待定系数法来求解这些参数。由于上述系统定义了一个二次方程，行为人选择的和暗含着 k 的平稳运动规律。因此，原来的非平稳随机增长模型可以被视为一个简单的最优平稳控制问题，其中 k_t 是唯一的状态变量而 c_t 和 l_t 是控制变量。

理性疏忽模型仿效 Sims（2003）。假设社会规划者在受到以下两种约束的条件下最大化代表性行为人的效用函数：一是受通常的流量预算约束，二是受信息处理能力的限制，这一点将在下文详细介绍。代表性行为人所面临的规划问题如下：

$$\hat{v}(\hat{k}_t) = \max_{\{c_t, l_t, D_t\}} E_0\left[\sum_{t=0}^{\infty} \beta^t u(c_t, l_t)\right] \tag{3-78}$$

$$\text{s. t. } k_{t+1} = \frac{\widetilde{K}^{\alpha} L^{1-\alpha}}{\widetilde{K}\exp(\mu)}(\alpha k_t + (1-\alpha) l_t) - \frac{\widetilde{C}}{\widetilde{K}\exp(\mu)} c_t + \frac{(1-\delta)\widetilde{K}}{\widetilde{K}\exp(\mu)} k_t - \omega\varepsilon_{t+1} \tag{3-79}$$

$$k_{t+1}/I_{t+1} \sim D_{t+1} \tag{3-80}$$

$$k_t/I_t \sim D_t \tag{3-81}$$

假定 $k_0/I_0 \sim N(\hat{k}_0, \sum_0)$，同时要求 $t+1$ 时刻的信息流量暗含在如下分布中，D_t 和 D_{t+1}，低于渠道容量①。其中 D_t 是基础状态变量 k_t 的后验分布，$\hat{k}_t = E(k_t/\ I_t)$ 是感知到的状态。I_t 代表时期 t 的可得信息。预期的形成基于这样一种假设：$\{c_t, l_t\}_0^{\infty}$ 的选择是建立在信息处理约束之上的。需要注意的是资本的顺序不是由社会行为人来选择，相反，一旦消费和劳动付出被选定，它也就作为剩余被确定了。行为人不能直接选择下一期的资本因为它能够被完全观察到。

式（3-80）意味着由于理性疏忽的存在，经济体中的行为人不能完美地观察到基本状态。因为理性疏忽下行为人观察周围的状态涉及信息在一个有限的渠道容量 k 中传输，观测值会出现错误；但是社会行为人可以最优地选择内源性误差分布。在这种状况下实际状态变量不是传统状态下的（比如该模型中正规化的资本存量水平 $\tilde{k}_t$），而是所谓的信息状态：建立在时期 t 的可得信息集 I_t 条件之上基本状态 $\tilde{k}_t$ 的分布。换句话说，它扩

① 如 Sims（2003，2005）所示，在我们的框架下这两种分布近似服从正态分布。

大状态空间到空间分布 k_t，产生了“维数咒语”问题。庆幸的是，如果相对风险规避系数接近于 1，原来的效用可以近似为二次效用（见 Luo，2008），也就是说上述问题可以近似为线性二次型高斯（LQG）框架，其中条件分布服从高斯分布，因此条件均值 $\hat{k}_t$ 和条件协方差矩阵 $\sum_t$ 足以用来描述信息状态。因此 $\hat{v}(\hat{k}_t)$ 表示信息处理存在约束下的值函数，而 $v(k_t)$ 表示由标准模型推导出来的值函数，该模型假定社会行为人拥有无限的信息处理能力，因此能完美地观察到周围的状态。最后，定义 t 时期由于不完美信息导致的损失函数为这两个值函数之间的差异 $\Delta v = v(k_t) - \hat{v}(\hat{k}_t)$。

模型使用信息论当中熵的概念来描述信息流并用熵的减少量来度量信息的获取。例如，服从离散分布具有相同权重的两点的熵为 $E[\log(f(X))] = -0.5\log_2(0.5) - 0.5\log_2(0.5) = 1$，传输的信息单元被称为“比特”。在这种情况下，如果用于监测 X 的能力为 $k = 1$ 比特，行为人将可以消除一切关于 X 的不确定性。伴随有限能力 k，社会决策者将会选取能够最大限度降低不确定性状态的信号。从形式上看，这种理念可以由以下的信息约束来表述：

$$H(k_{t+1}/I_t) - H(k_{t+1}/I_{t+1}) \leqslant k \tag{3-82}$$

其中 k 是消费者的信息渠道容量，$H(k_{t+1}/I_t)$ 表示 $t+1$ 时期在观察到新信号之前熵的表达，$H(k_{t+1}/I_{t+1})$ 表示在观察到新信号之后熵的表达。k 规定了信息流量的上限即熵的变动范围，它可在任何特定时间传输。k 值越大，注意的程度就越高。考虑行为人事先估计明天的信息状态的均值 k_{t+1}/I_t，这是根据时期 t 的信息作出的预期，因此代表了基于今日信号的将来财富的预期价值。由此产生的状态的后验估计 k_{t+1}/I_{t+1} 包括了 t+1 时期获取的任何新信息而且对行为人来说是一个控制变量。信息处理限制通过限制熵的减少约束了行为人选择更新状态的能力，大体上，估算精确度的增加必须小于 k。

依据 Sims（2003，2005）和 Luo（2008），能够得出 $k_t/I_t \sim N(\hat{k}_t, \sum_t)$。因此，（3-82）可以被改写为：

$$\log|\psi_t| - \log\left|\sum_{t+1}\right| \leqslant 2k \tag{3-83}$$

其中 $\sum_{t+1} = \mathrm{var}_{t+1}(k_{t+1})$ 和 $\psi_t = \mathrm{var}_t(k_{t+1})$ 分别是状态向量的后验和先验方差协方差矩阵，$|.|$ 表示行列式运算符。注意，这里用到这样的事实，一个高斯随机变量的熵等于其对数方差的一半加上一些常数项。在单

变量状态的情况下完成了信息约束下优化问题的界定；对于多元状态的情况，我们需要另外的信息约束：

$$\psi_t \geqslant \sum_{t+1} \tag{3-84}$$

（其中 $\geqslant$ 意味着两个矩阵之间的差是一个半正定矩阵）。这种制约体现了通过忽略某些要素不会使得对状态的估计精度得以改善（使得熵的差异为负）并用更大的 k 以凭借额外的能力来减少其他要素。

鉴于确定性等价以线性方程组的形式存在，引入理性疏忽意味着：

$$c_t = \psi \hat{k}_t \tag{3-85}$$

$$l_t = \varphi \hat{k}_t \tag{3-86}$$

其中 $\hat{k}_t = E(k_t/I_t)$ 是感知到的状态，给定 t 时期信息下 k_t 的条件分布为 $N(\hat{k}_t, \sigma_{k,t}^2)$。线性化动态资源约束可改写为：

$$k_{t+1} = \frac{1}{\beta}k_t - \frac{\widetilde{C}}{\widetilde{K}\exp(\mu)}c_t + \frac{\widetilde{K}^{\alpha}L^{1-\alpha}}{\widetilde{K}\exp(\mu)}(1-\alpha)l_t - \omega\varepsilon_{t+1} \tag{3-87}$$

条件方差意味着：$\mathrm{var}_t(k_{t+1}) = \omega^2 + \frac{1}{\beta^2}\sigma_{k.t}^2$　　(3-88)

由信息处理限制可以得到：

$$k = \frac{1}{2}\left(\log\left(\omega^2 + \frac{1}{\beta^2}\sigma_{k.t}^2\right) - \log(\sigma_{k.t+1}^2)\right)$$

因此，过滤过程产生的稳态为 $\bar{\sigma}_k^2 = \dfrac{\omega^2}{\exp(2k) - \beta^{-2}}$ 其中 $k \geqslant -\log(\beta)$ 以确保收敛。代理人的行为就好像在观察一个嘈杂的测量 $k_{t+1}^* = k_{t+1} + \xi_{k.t+1}$ 其中误差项的方差为：

$$\mathrm{var}(\xi_{k.t+1}) = \frac{(\omega^2 + \beta^{-2}\bar{\sigma}_k^2)\bar{\sigma}_k^2}{\omega^2 + (\beta^{-2} - 1)\bar{\sigma}_k^2} \tag{3-89}$$

决策者解决信号提取问题，其中噪声方差是最佳选择，但受到熵的约束。存在较大渠道容量的代理人一般观察到伴随较少噪声的信号状态：

$$\frac{\partial\ \mathrm{var}(\xi_{k.t+1})}{\partial\ k} = \frac{2\omega^2\exp(2k)\beta^2(1-\exp(4k)\beta^2)}{(1-\exp(2k)\beta^2)^2(1-\exp(2k))^2} < 0 \tag{3-90}$$

只要 $k > -\frac{1}{2}\log(\beta)$。对于一个典型的季度商业周期参数校准（比如 $\beta = 0.99$）这就要求 $k > 0.005nats$，看起来足够小到了可以被忽略的程度；另外需注意当滤波收敛到稳态时这种下限会自动得以满足。

接下来推导卡尔曼滤波方程，其描述了感知状态的演化进程[1]：

$$\hat{k}_{t+1} = \frac{1}{\beta}\hat{k}_t - \frac{\tilde{C}}{\tilde{K}\exp(\mu)}c_t + \frac{\tilde{K}^{\alpha}L^{1-\alpha}}{\tilde{K}\exp(\mu)}(1-\alpha)l_t \tag{3-91}$$

$$+ \theta\left(k_{t+1} + \xi_{k,t+1} - \left(\frac{1}{\beta}\hat{k}_t - \frac{\tilde{C}}{\tilde{K}\exp(\mu)}c_t + \frac{\tilde{K}^{\alpha}L^{1-\alpha}}{\tilde{K}\exp(\mu)}(1-\alpha)l_t\right)\right) \tag{3-92}$$

可以将其简写为：

$$\hat{k}_{t+1} = (1-\theta)G\hat{k}_t + \theta(k_{t+1} + \xi_{k,t+1}) \tag{3-93}$$

其中 $\theta = \frac{\bar{\sigma}_k^2}{\mathrm{var}(\xi_{k,t+1})}$ 是观察的最佳权重和 $G = \frac{1}{\beta} - \frac{\tilde{C}}{\tilde{K}\exp(\mu)}\psi + \frac{\tilde{K}^{\alpha}L^{1-\alpha}}{\tilde{K}\exp(\mu)}(1-\alpha)\varphi$。注意

$$\theta = \frac{1 + \dfrac{\beta^{-2} - 1}{\exp(2k) - \beta^{-2}}}{1 + \dfrac{\beta^{-2}}{\exp(2k) - \beta^{-2}}} = \frac{\exp(2k) - 1}{\exp(2k)} \tag{3-94}$$

因此有，$\lim\limits_{k\to\infty}\frac{\exp(2k) - 1}{\exp(2k)} = 1$ (3-95)

换句话说，新信号的权重随着渠道容量的增加而增大，当 k 趋向于无穷大时 θ 增加到1，因此标准模型是我们所介绍的模型在 $k=\infty$ 下的特例。此权重与行为人的耐心和经济冲击的方差无关。

经济的发展可用两个方程来描述，其一是基本状态 k_t 的发展，其二是感知状态 $\hat{k}_t$ 的发展。

$$k_{t+1} = \frac{1}{\beta}k_t + \left(G - \frac{1}{\beta}\right)\hat{k}_t - \omega\varepsilon_{t+1} \tag{3-96}$$

$$\hat{k}_{t+1} = (1-\theta)G\hat{k}_t + \theta(k_{t+1} + \xi_{k,t+1}) \tag{3-97}$$

现在可以推导出 $\Delta\hat{k}_{t+1}$ 的表达，信息状态的改变，如：

$$\Delta\hat{k}_{t+1} = (G-1)\hat{k}_t - \frac{\theta}{\beta}\frac{(1-\theta)\omega\varepsilon_t + \theta\xi_{k,t}}{1-(1-\theta)\beta^{-1}L} - \theta\varepsilon_{t+1} + \theta\xi_{k,t+1} \tag{3-98}$$

---

① Luo, Yulei and Young, Eric R. (2009) " Rational Inattention and Aggregate Fluctuations," The B. E. Journal of Macroeconomics: Vol. 9 (1) (Contributions), Article 14.

其中 L 是滞后因子，我们使用公式 $k_t - \hat{k}_t = -\frac{(1-\theta)\omega\varepsilon_t + \theta\xi_{k,t}}{1-(1-\theta)\beta^{-1}L}$。同样地，我们可以得出真实状态的改变如：

$$\Delta k_{t+1} = G\hat{k}_t - k_t - \frac{1}{\beta}\frac{(1-\theta)\omega\varepsilon_t + \theta\xi_{k,t}}{1-(1-\theta)\beta^{-1}L} - \omega\varepsilon_{t+1} \quad (3-99)$$

现在得到了对劳动和资本改变的对数表达：

$$\Delta c_{t+1} = \psi\Delta\hat{k}_{t+1} = \psi((G-1)\hat{k}_t - \frac{\theta}{\beta}\frac{(1-\theta)\omega\varepsilon_t + \theta\xi_{k,t}}{1-(1-\theta)\beta^{-1}L} - \theta\omega\varepsilon_{t+1} + \theta\xi_{k,t+1}) \quad (3-100)$$

$$\Delta L_{t+1} = \varphi\Delta\hat{k}_{t+1} = \varphi((G-1)\hat{k}_t - \frac{\theta}{\beta}\frac{(1-\theta)\omega\varepsilon_t + \theta\xi_{k,t}}{1-(1-\theta)\beta^{-1}L} - \theta\omega\varepsilon_{t+1} + \theta\xi_{k,t+1}) \quad (3-101)$$

现在可以恢复总消费如下：

$$\Delta \log C_{t+1} = \Delta c_{t+1} + \mu + \omega\varepsilon_{t+1}$$

$$= \mu + \psi((G-1)\hat{k}_t - \frac{\theta}{\beta}\frac{(1-\theta)\omega\varepsilon_t + \theta\xi_{k,t}}{1-(1-\theta)\beta^{-1}L} - \theta\omega\varepsilon_{t+1} + \theta\xi_{k,t+1}) + \omega\varepsilon_{t+1} \quad (3-102)$$

同样，可以得到所有其他总变量如下：

$$\Delta \log K_{t+1} = \Delta k_{t+1} + \mu + \omega\varepsilon_{t+1} \quad (3-103)$$

$$\Delta \log I_{t+1} = \Delta i_{t+1} + \mu + \omega\varepsilon_{t+1} \quad (3-104)$$

$$\Delta \log Y_{t+1} = \Delta y_{t+1} + \mu + \omega\varepsilon_{t+1} \quad (3-105)$$

根据表 1－1 的校准参数表我们可以得到 $\psi = 0.5439$，$\varphi = -0.5109$，暗示了 $G = 0.9459$。G 接近于 1 的事实隐含了模型的内部传导机制。

（三）对两种模型的简要评价

实际经济周期理论带来了经济周期理论研究方法上的巨大改进：

1. 实际经济周期理论将宏观经济波动归结为技术冲击与微观经济主体优化行为相互作用的结果，从而一方面突现出技术冲击在经济周期波动形成中的重要性，这一点已经得到学术界的普遍认可；另一方面也强调了微观经济主体行为在宏观经济研究中的重要性，实际经济周期理论认为宏观经济分析必须建立在合理的微观经济基础之上，这也成为此后经济周期理论研究的一个基本准则。

2. 与以往经济周期理论研究方法相比，实际经济周期理论使用了典型主体跨时优化模型框架，这一方面有助于对微观经济主体行为进行更好的分析，另一方面也有助于对宏观经济进行更好的动态分析，这样的模型框架也更容易加以拓展。此外，实际经济周期理论在分析中使用了模型校准方法，从而可以直接将模型预测与现实经济进行比对，更有利于直接评估理论模型的合理性。正因如此，实际经济周期理论的模型框架已经成为目前经济周期研究的主要分析框架。

然而，实际经济周期理论还存在许多缺陷，还远远不能准确反映现实经济周期的波动特征。

1. 实际经济周期理论缺乏一个可信的经济周期波动的传播放大机制。实际经济周期理论将闲暇的跨期替代作为冲击的主要传播放大机制；全要素生产率冲击改变了闲暇成本从而导致就业波动，进而引发经济波动。由此可见，闲暇的跨期替代大小，即劳动供给与实际工资率的相关性直接决定全要素生产率冲击是否能有效地引发宏观经济波动。实际经济周期理论认为劳动供给与实际工资率的相关性很大，但大量先验证据表明，实际工资率的顺周期特点并不显著，意味着跨期替代的薪金刺激较弱（Clark 和 Oswald，1994），劳动供给与实际工资率的相关性很小（Ham，1986），这表明实际经济周期理论强调的传播放大机制较弱。

2. 实际经济周期理论将经济波动的主要原因归结为外生的全要素生产率冲击，由于实际经济周期理论强调的传播放大机制较弱，因此这意味着外生的全要素生产率冲击必须具有很强的持续性和波动性。这一点遭到许多经济学家的质疑。首先，实际经济周期理论通常是利用增长核算法来估算全要素生产率，从而证实全要素生产率变化确实具有很强的持续性和波动性，但很多经济学家认为增长核算法存在着假设约束强和度量误差等问题，这导致全要素生产率度量存在着较大问题。[①] 其次，实际经济周期理论将经济周期波动主要归因为全要素生产率冲击，这一方面意味着产出波动与全要素生产率波动的相关性很强，但大量先验证据表明，二者的相关性较弱；另一方面也预示着产出的动态变化应该与全要素生产率的动态变化相一致，而全要素生产率增长接近于一个随机游走过程，这意味着产出

① 关于增长核算法估算全要素生产率存在的问题，请参阅郭庆旺、贾俊雪（2005a）。

动态的可预测性较差，但现实经济中产出动态通常具有较好的可预测性。

3. 虽然实际经济周期理论在一定程度上较好地解释了现实经济周期波动，但其在很多方面都与现实经济存在较大偏差。究其原因主要在于实际经济周期理论是以完全竞争条件下的市场出清作为其理论基础的，从而忽略了现实经济中存在的不完全竞争、外部性以及非均衡等市场失灵现象。而如何将这些现实因素融合在理论模型中，从而更科学合理地解释现实经济，这正是新凯恩斯经济周期理论的主要出发点。

理性疏忽经济周期理论正是建立在克服 RBC 理论的以上弱点的基础上的，二者的模型框架是近似的，都是行为人在一系列约束条件之下进行决策以达到预期效用最大化，即都是建立在动态一般均衡框架之下，而且二者的求解思路也是一样的，都是将各个方程进行对数线性化。不同之处就在约束条件的不同，理性疏忽经济周期模型在 RBC 理论的基本约束条件之上，又增加了一个对信息的约束条件，与 RBC 理论对行为人完全理性的假定相比，理性疏忽模型假设行为人并不是完全理性的，由于存在一定程度的疏忽，并不能完全观察到经济的真实状态，而只能凭借其对经济的感知状态做决策，模型将信息约束条件内生化，这样能在一定程度上克服 RBC 理论较弱的内生传导机制问题。

Luo 等人的研究希望说明伴有永久技术冲击和信息处理受限的简单随机增长模型能否解决 RBC 模型中现存的一些困惑。假定社会策划者将有限的信息能力用于观察经济的单变量状态，因为能力有限真实状态就不能被完全观察到。结果，由此做出的消费——储蓄及劳动——休闲决策，以及实际状态中信息的变化就不能完全吸收到预测当中。换句话说，策划者被迫拿出一定的时间去消化经济中的信息。研究发现在引进内生需求冲击的情况下相比产量波动理性疏忽提高了消费的波动性。进一步，引入理性疏忽能够提供一种额外的内生传导机制（通过产量增长的脉冲反应函数和自相关函数来度量）并导致产量预测变动的更大差异。然而已有的研究发现，理性疏忽不能解答真实经济周期中存在的较弱的内生传导和较低的预测产量变动方差的困惑。较弱的内生传导和较低的预测产量变动方差，但是，在这样的模型中，当一般均衡效应缺失并且异质冲击跟总冲击不能区分时，理性疏忽有很强的传导效应。

六、理性疏忽经济周期模型在中国的适用性分析

图3－1描述了理性疏忽和完美信息下总体变量对总体TFP冲击的脉冲反应。对于一个给定的总体TFP冲击波动性，与完美信息相比，理性疏忽条件下产出、就业、劳动、投资对总体TFP冲击的反应更加衰减和延迟。之所以如此有一系列的原因，首先，代理人收到信息处理能力的限制不能完全跟踪经济的实际状态。不完美的程度依赖于信息处理能力受限的程度。受到限制的程度越大，观察到的信号越不精确，反应就会更加衰减和延迟。第二个原因是代理人几乎将全部注意分配给了异质状态，而分配给总体状态的注意微乎其微。

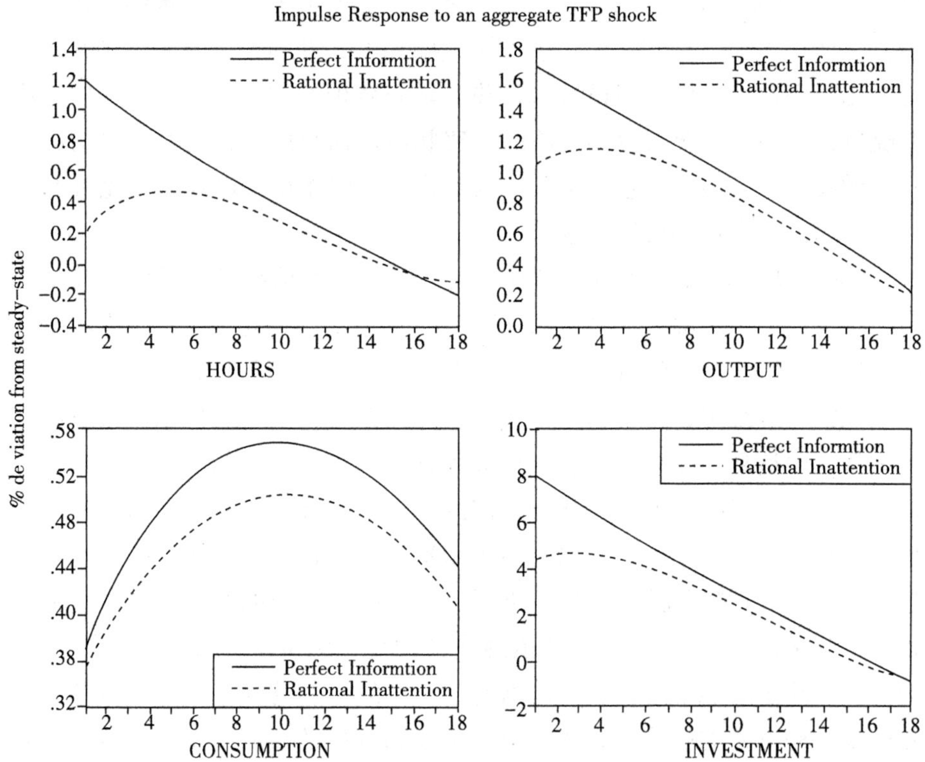

图3－1　总体TFP冲击的脉冲反应

如图3－2，厂商将大多数注意分配给了异质状态，因此理性疏忽和完美信息下厂商对异质冲击的反应是相同的。

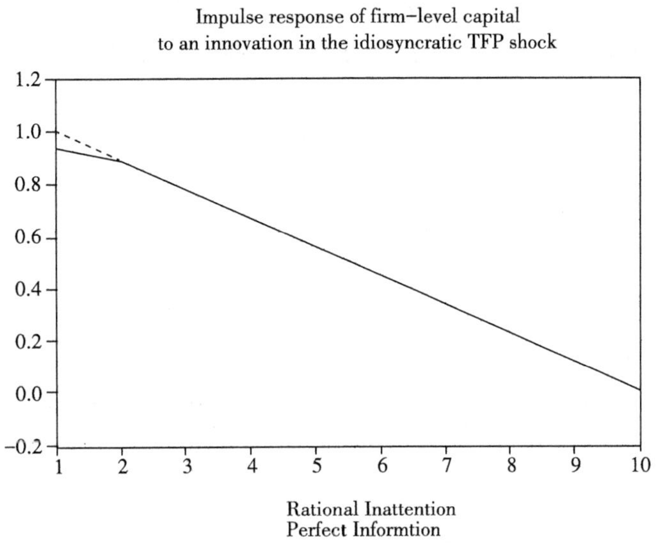

图 3－2　厂商投入选择对异质冲击的脉冲反应

以上图像代表了模拟经济的脉冲反应图。我们将中国的实际经济运行状况与模拟经济进行了拟合，首先利用 1978—2008 年的年度数据估计了中国的生产函数，在此基础上推导了我国的技术冲击时间序列。然后分别作了产出、投资、消费、劳动时间等宏观变量对技术冲击的脉冲响应。

利用张军（2002）方法估算的资本存量回归的生产函数为：

$$ln\frac{Y}{N} = -0.8365800308 + 1.191699375R \times \ln\frac{K}{N} + 0.03701073002 \times T \quad (3.1)$$

$$(-3.53) \qquad\qquad (5.12) \qquad\qquad (3.66)$$

$R^2=0.99$　s. e = 0.035　F = 4384　D. W = 1.97（1978—2008）

该模型中，各系数都在 5% 的显著性水平下通过检验，且 R^2 很大，说明模型总体模拟效果良好，D. W 统计量在 2 附近，说明模型不存在序列相关现象，所以模型的建立比较合理。

上式中，Y、K 和 N 分别是以 1952 年不变价格计算的实际产出、资本存量和就业人数。T 为时间趋势变量。

在估计了生产函数的基础上，计算“索洛剩余”，即技术冲击 Z 的时间序列：

$$\ln Z = \ln\frac{Y}{N} - 1.191699375 \times \ln\frac{K}{N} - 0.03701073002 \times T \quad (3.2)$$

这样便得到关于技术冲击 Z 的一个时间序列数据，接下来便可以做产出、投资、消费、就业时间对技术冲击的脉冲反应（图 3－3）。

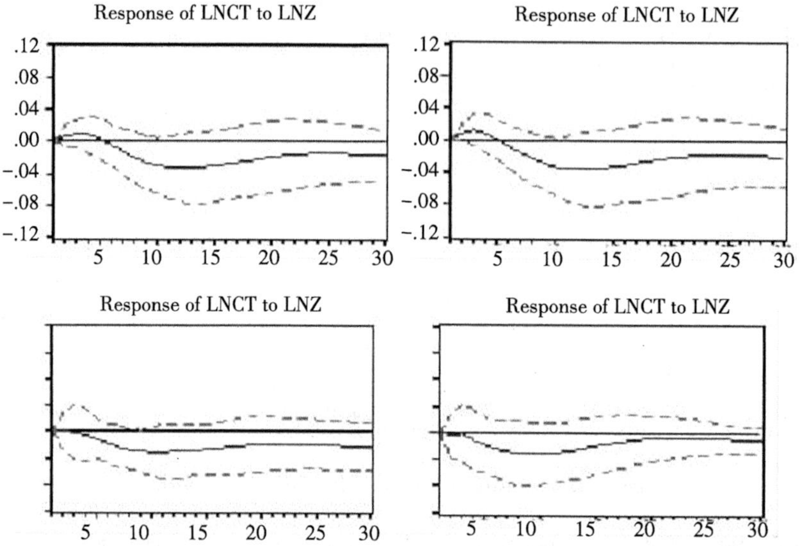

图 3－3

模型模拟经济中，理性疏忽假设下 34% 的技术冲击会导致总产出 46% 的波动，劳动时间 72% 的波动，消费支出 33% 的波动，投资支出 50% 的波动。完全信息下，34% 技术冲击的波动仅会带来 34% 总变量的波动。理性疏忽假设下的模型与完美信息下的不同有以下几点：

首先，它放大了技术冲击波动性的变化。总变量对技术冲击波动的反应不同。可以理解为理性疏忽放大了产出、投资支出和劳动时间对技术冲击的反应，但减弱了消费对技术冲击的反应。从对中国 1978－2008 年的实证研究结果分析，首先从产出波动看，产出对技术冲击的反应系数大于 1，表明确实存在实际产出对技术冲击反应的放大效应，跟理性疏忽假设下模拟经济的预测趋势是相似的，模型基本给出了较好的预测。

其次，从消费支出波动情况看，消费对技术冲击反应系数小于 1，表示存在着消费支出对技术冲击的衰减反应，跟理性疏忽假设下模拟经济的预测趋势也基本相似，说明能够与理性疏忽模型实现较好地吻合。

再次，从投资支出和劳动时间对技术冲击的脉冲反应看，中国的实证研究结果与理性疏忽下经济波动模型模拟的效果欠理想，这要结合中国的现实进行分析，首先，中国的经济增长是投资拉动型的，对技术冲击的反应不够敏感。其次，政府的固定资产投资占有比重较大，且存在刚性，使之缺乏对市场的灵敏反应。再次，从经济发展阶段考虑，我国是发展中国家，不同于西方发达国家，劳动时间对技术冲击的反应也较为迟钝。

综上所述，从脉冲反应效果看，理性疏忽模型能够解释中国的产出波动和消费波动情况，但投资产出波动和劳动时间波动情况与模型欠吻合，这说明疏忽模型能够解释中国经济波动的同时，中国的经济波动仍然存在自己独有的一些特征事实，这些特征事实主要与中国的特有国情和制度因素有关。

参考文献

[1] Landauer, Thomas K. (1986), "How Much Do People Remember? Some Estimates of the Amount of Learned Information in Long - Term Memory," *Cognitive Science*10, pp. 477 - 93.

[2] Lettau, Martin and Harold Uhlig (2000) "Can Habit Formation be Reconciled with Business Cycle Facts?" *Review of Economic Dynamics* 3 (1), pp. 79 - 99.

[3] Lewis, Kurt F. (2006), "The Life - Cycle Effects of Information - Processing Constraints," mimeo, University of Iowa.

[4] Hansen, Gary D. (1985), "Indivisible Labor and the Business Cycle," *Journal of Monetary Economics* 16 (2), pp. 309 - 27.

[5] Kasa, Kenneth (1995), "Signal Extraction and the Propagation of Business Cycles," Federal Reserve Bank of San Francisco Working Papers in Applied Economic Theory No. 95 - 14.

[6] King, Robert G. , Charles I. Plosser, and Sergio Rebelo (1988) "Production, Growth, and Business Cycles: II. New Directions," *Journal of Monetary Economics* 21 (2), pp. 309 - 41.

[7] King, Robert G. and Sergio Rebelo (1999), "Resuscitating Real Business Cycles," in Taylor, John and Michael Woodford eds. , *Handbook of Macroeconomics* Volume 1B, pp. 928 - 1002.

[8] Kydland, Finn E. and Edward C. Prescott (1982), "Time to Build and Aggregate Fluctuations," *Econometrica* 50 (6), pp. 1345 - 70.

[9] Luo, Yulei (2007), "Rational Inattention, Portfolio Choice, and the Equity Premium,"

manuscript, University of Hong Kong.

[10] Luo, Yulei (2008), "Consumption Dynamics Under Information Processing Constraints," *Review of Economic Dynamics* 11 (2), pp. 366 – 85.

[11] Luo, Yulei and Qiang Zhang (2008), "The Current Account and Macroeconomic Adjustment under Rational Inattention," manuscript, University of Hong Kong and University of Leicester.

[12] Luo, Yulei and Young, Eric R. (2009) " Rational Inattention and Aggregate Fluctuations," The B. E. Journal of Macroeconomics: Vol. 9 (1) (Contributions), Article 14.

[13] Luo, Yulei and Eric R. Young, 2008a, "Rational Inattention and Aggregate Fluctuations", Working Paper, University of Hong Kong, November 2008.

[14] Luo, Yulei and Eric R. Young, 2008b, "Risk – sensitive Consumption and Savings under Rational Inattention", Working Paper, University of Hong Kong, October.

[15] Ma'ckowiak, Bartosz and Mirko Wiederholt (2008), "Optimal Sticky Prices under Rational Inattention," forthcoming, *American Economic Review.*

[16] Ma'ckowiak, B., Wiederholt, M. (2009a). " Optimal sticky prices under rational inattention," American Economic Review 99, 769 – 03.

[17] Ma'ckowiak, B., Wiederholt, M. (2009b). " Business cycle dynamics under rational inattention," Discussion paper, European Central Bank and Northwestern University.

[18] Shannon, Claude (1948), "A Mathematical Theory of Communication," *The Bell System Technical Journal* 27, pp. 623 – 56.

[19] Sims, Christopher A. (2003). " Implications of Rational Inattention. " Journal of Monetary Economics, 50 (3), 665. 90.

[20] Sims, Christopher A. (1998), "Stickiness," *Carnegie – Rochester Conference Series on Public Policy* 49, pp. 317 – 56.

[21] Sims, Christopher A. (2005), "Rational Inattention: A Research Agenda," Technical Report, PrincetonUniversity.

[22] Sims, Christopher A. (2006), "Rational Inattention: Beyond the Linear – Quadratic Case," *American Economic Review* 96 (2), pp. 158 – 163.

[23] Mankiw, N. Gregory and Ricardo Reis (2007), "Sticky Information in General Equilibrium," *Journal of the European Economic Association* 5 (2 – 3), pp. 603 – 13.

[24] Jeta Menkulasi, (2009) " Rational Inattention and Changes in Macroeconomic Volatility," University of Maryland, November 9, 2009.

[25] Reis, Ricardo, 2004, Inattentiveness, Dissertation of Ph. D, HarvardUniversity.
[26] 李彬、刘凤良．我国通货膨胀动态和货币政策效果的行为宏观解释，管理世界，2007，3.
[27] 吕光明．中国经济周期波动的典型化事实——个基于 CF 滤波的研究，财经问题研究，2006，7.
[28] 杜婷．中国经济周期波动中的消费行为特征分析，中国财经政法大学学报 2006，3.
[29] 刘树成．中国经济增长的新轨迹及其未来趋势，中国前景分析—2003 年春季报告，社会科学文献出版社，2003.
[30] 刘树成．中国经济增长与波动 60 年：繁荣与稳定Ⅲ，社会科学文献出版社，2009，7.
[31] 唐珏岚．中国经济周期新特征与“反周期”经济政策有效性，上海行政学院学报，2006，3.
[32] 姜丽君．我国固定资产投资与经济波动的相关性分析，金融经济，2006，4.
[33] 国家统计局：中国统计年鉴 2010.
[34] 于泽．理性非注意、粘性信息与最优货币政策，中国人民大学出版社，2009.
[35] 高铁梅．计量经济分析方法与建模：EViews 应用及实例（第 2 版），清华大学出版社，2009.
[36] 黄赜琳．实际经济周期与中国经济波动，上海财经大学出版社，2008.
[37] 胡永刚．当代西方经济周期理论，上海财经大学出版社，2002.
[38] 李子奈，叶阿忠．高等计量经济学，清华大学出版社，2003.
[39] 黄险峰．真实经济周期理论，北京：中国人民大学出版社，2003.
[40] 张军．资本形成、工业化与经济增长：中国的转轨特征，经济研究，2002，6.

第四章 理性疏忽建模思想及其对 RBC 模型的发展[①]

一、引言

凯恩斯主义经济学认为价格和工资具有粘性，市场无法立即出清，而是存在缓慢调整的过程。为了解释经济中普遍存在的“粘性”现象，不完全信息理论应运而生。Mankiw 和 Reis（2002，2006）提出的粘性信息理论强调，并非所有人都依据最新信息而决策，在时间和资源的制约下，经济主体交错更新信息。Sims（1998，2003）在此基础上，继续探索粘性信息产生的根源，开创性地提出理性疏忽假说。理性疏忽假说认为，行为人的信息处理能力是有限的，无法处理全部信息，只能根据自身信息通道所获得的信息来做出决策。因此，理性疏忽主体无法全部吸收新信息，他们要将有限的注意力进行分配，从而不能对各种经济条件的变化都做出迅速、准确的反应，导致了经济变量的动态响应产生了延迟，即出现“粘性”现象。在现实生活中，我们都有过类似的经验，每天收到无数大量电子邮件，而我们真正去回复或注意的仅仅是其中的一小部分，大量的信息被弃之不用，这就是进行注意力分配的过程。

理性疏忽假说，以对现实的观察为依据，客观地描述了普通人在信息处理能力方面的限制。虽然与 Lucas（1973）信号提取理论一样，都以 Shannon 的信息论为基础，但理性疏忽与信号提取理论，以及学习理论等描述经济人有限信息能力的理论最本质的区别在于其将这种信号噪声内生化，为建立经济模型提供了更加切合实际的微观基础。另外，其他解释粘性行为的模型，如菜单成本、调整成本、信息延迟、操作延迟等只能通过假设一种在现实生活中难以观察或在直觉上难以成立的粘性机制来解释经

① 本章核心内容发表于 2013 年第 1 期《经济学动态》。

济变量平滑、缓慢的动态特征，而理性疏忽假说不仅在建模过程中需要更少的参数，而且与我们的直觉高度相符。

经过 10 多年的发展，理性疏忽理论已被众多经济学家所接受，并被纳入各种理论模型，探讨了有限信息处理能力如何影响消费者、企业和投资者做出最优决策，以及其所蕴含的均衡条件和政策含义。Sims（2003，2006）、Luo（2008）和 Tutino（2009）着重研究固定利率下的消费—储蓄决策。Ma'ckowiak 和 Wiederholt（2009）、Woodford（2009）以及 Matejka（2010）则更加关注微观行为，对厂商的定价决策进行了深入分析。Batchuluun，Luo 和 Young（2009）探讨了效用函数为相对风险规避型（CRRA）形式的理性疏忽主体资产，在两时期内的投资组合决策。Ma'ckowiak 和 Wiederholt（2010）假设厂商和家庭双方的信息处理能力受到限制，求解出了理性疏忽条件下的动态随机一般均衡模型，为后续财政、货币政策研究打下了基础。Paciello（2010）和 Dworczak（2011）分别将 Ma'ckowiak 和 Wiederholt（2010）的模型进行扩展，研究价格水平对货币冲击的反应以及财政政策的挤出效应。

本文仅以理性疏忽模型的构建方法及其在真实经济周期模型中的应用为研究对象，分析理性疏忽假说对 RBC 模型的改进作用。

二、有限信息处理能力的数学表示

虽然普通人的注意力有限，无法处理所有信息，这一理念容易理解，但对信息处理能力限制进行数学描述并应用于经济模型却面临着巨大的挑战。理性疏忽建模的基本思想是，受限于信息处理能力，人们无法准确知道世界的真实状态，但是人们可以观察、收集到一些信号，并通过这些信号得到真实状态的概率分布。而理性疏忽就体现在决策者在一定信息处理能力下，针对所考虑的目标，通过选择最优信号（即条件概率分布），尽可能地减少真实状态的不确定性。这个过程就好比我们并不知道确切的温度是多少，但是可以通过看温度计来了解当前温度的情况。这里，温度计就相当于前面提到的信号或概率分布。然而，温度计有很多种，如果我们想要了解的是自己的体温，就要选择在 30 - 40 度范围内精确的体温表，而不是气象温度计，这种选择温度计的过程就相当于决策者寻找最优概率分布的过程。

Sims 以 Shannon 信息论为基础，用信道容量（Channel Capacity）的概念来表示经济主体的信息处理能力，用不确定性的减少来度量信息流量，用熵来度量随机变量的不确定性。

假设随机变量 X 的概率密度函数为 $f(x)$，则 X 的熵为 $H(X) = -E[\log f(x)]$，可以看出随机变量的不确定性不是取决于变量的实际值而取决于变量的概率分布。在量化了随机变量的不确定性后，信息流的数学表达式为：

$$I(X;Y) = H(X) - H(\frac{X}{Y})$$

$$I(X;Y) \leqslant \kappa$$

其中，X 是一个随机变量，代表存在于现实中一个真实状态；Y 是一个观察到的信号。$H(Y)$ 表示在收到信号 Y 前，关于 X 的不确定性，即先验不确定性；$H(\frac{X}{Y})$ 是收到信号 Y 后，关于 X 的不确定性，即后验不确定性。由此，通过信号 Y，我们对变量 X 的了解增加了，关于其的不定性减少了，但这种减少不是无限度的，而是以我们处理信息的能力为上限，κ 即代表信息处理能力，亦即前面所说的信道容量。

三、理性疏忽 LQG 框架与两时期模型

构建理性疏忽假设下的经济模型，简单来说就是在传统的模型上加入信息约束。然而，理性疏忽模型的求解却是一个十分复杂的问题。这主要是因为，理性疏忽模型中含有状态变量的先验概率，求解后验概率时意味着需要处理无穷维度的状态空间。为了解决上述问题，Sims（2003）在线性二次高斯（LQG）最优控制框架下构建了有限信息处理能力的数学模型，其中不确定性服从 Gaussian 分布。线性二次型问题就是在线性系统约束条件下选择控制输入使二次型目标函数达到最小，LQG 模型的性质使得信息约束条件变得容易处理。

在 LQG 模型下，假设状态变量的后验概率分布服从高斯分布，其特征完全可以由均值和方差来刻画。通过推导可以发现，信息约束只与其方差有关，即我们求取的目标转换为了后验概率分布的方差，实现了求解过程

中的降维。在求解过程中，还有另一个转化过程，我们希望求取最优的后验概率的方差以最大化二次型目标函数，其实也可以理解为最小化损失函数 $E_t V(S_t) - \hat{V}(\hat{S}_t)$，这里 S 为真实状态变量，$\hat{S}_t$ 为先验状态变量，损失函数的含义为预期从当前日期起所得的期望效用尽可能地接近无约束的价值函数的期望值。

通过上述处理，可以得到信息约束和多元状态下的线性二次控制问题的动态系统

$$S_t = G_0 + G_1 S_{t-1} + G_2 C_{t-1} + \varepsilon_t$$

$$\hat{S}_t = (I - \sum \Lambda^{-1})(G_1 + G_2 H_1)\hat{S}_{t-1} + \sum \Lambda^{-1}(S_t + \xi_t)$$

$$C_t = H_0 + H_1 \hat{S}_t$$

其中，S_t 是 t 时期的状态，C_t 在是 t 时期进行的控制，I_t 是 t 时期的可用信息，$\hat{S}_t = E[S_t \mid I_t]$。此动态系统一般表达式可以描述用以描述向量 $[S_t, \hat{S}_t, C_t]$ 在潜在的结构冲击 ε_t 和信息处理过程引致的测量误差 ξ_t 驱动下的演变轨迹，并可以按一般方法产生脉冲响应。

总之，信息约束下的 LQG 模型中，决策者面临的问题可以拆分为传统的决策部分和信息约束部分，根据观察到的信号，选择控制变量的值和真实状态的后验概率以最大化二次型目标函数。但是，LQG 框架的应用范围也是有限制的。当经济系统的不确定性较小时，最优性条件的线性估计可以充分描述系统的精确解，LQG 框架是有效的。若人们仅用一小部分能力来监测与处理各种经济变量，则经济系统中会存在大量粘性行为。这种情况不确定性将会非常大，LQG 框架的估计结果就不再具有可靠性。因此，LQG 框架可以视为理性疏忽模型中的特例，在此框架下，决策者最终选择的最优分布（即后验概率）要服从高斯分布。

Sims（2006）以消费—储蓄决策为例，给出了更加一般化的两时期理性疏忽模型。此模型超越了 LQG 框架，信息处理能力约束采取了非线性的模式，最优分布也不局限于预先设定的高斯分布，而是由模型的目标函数决定。由于信息处理能力有限的经济主体无法知道状态变量的真实值，决策变量只能以联合概率分布的形式存在。这种情况下的经济行为具有以下三个特征：（1）硬预算约束与有限信息处理能力互不相融。由于不能得到关于财富的完全信息，经济主体不能做出完美的、确定性的消费决策。比如，人们用信用卡进行消费时，却偶然发现账户已透支，这时只得退回部

分商品，改变原有的消费计划。（2）即使非常小的外部冲击，由信息处理能力限制产生的不确定性一般也不服从正态分布。只有当信息约束的影响很小时，正态估计才较为准确。（3）信息处理能力限制可以对储蓄行为产生巨大影响。“信息”方面的微小变化，可以导致储蓄决策的重大改变。

继 Sims（2006）解出两时期理性疏忽模型后，Lewis（2006）通过构造一种状态变量和控制变量在信息约束下相互影响的结构，将理性疏忽两时期模型运用于有限时段动态定价。Batchuluun、Luo 和 Young（2009）研究了理性疏忽经济主体的投资组合决策。Tutino（2009）提出了一个动态模型中受信息能力限制消费者理性选择他们希望处理的有关财务预测方面的信息数量和范围。该模型预测，具有较高风险厌恶程度的消费者通常选择较完备的信息结构。

四、理性疏忽条件下的 RBC 模型及经济解释

由 Kydland 和 Prescott（1982）提出的真实经济周期（RBC）理论认为，经济周期性波动主要来自于技术与供给面的冲击。尽管 RBC 模型促使人们重新思考总供给的作用，也成功地解释了一些经济周期事实，但 RBC 模型也存在着明显的缺陷。传统 RBC 模型的模拟结果在经济变量的粘性、易变性和共动性等特征上与基本经济事实不尽相符，同时微弱的内部传导机制也是模型备受质疑的地方。20 世纪 90 年代以来，RBC 理论针对质疑和抨击，在假设前提、模型结论等方面不断进行修正和完善。

传统的标准 RBC 模型都假设经济主体具是理性预期的，即具有无限信息处理能力，能够准确观察到一个状态，因此可以立刻对经济变量的新息（innovation）做出反应，且没有误差。这种假设对于普通人来说过于强了。为了更贴近现实，也为了克服传统 RBC 模型的缺陷，目前，很多学者都对理性疏忽假设下的真实经济周期模型的构建及经济变量的波动特征进行了深入研究，作为对 RBC 模型进行改进的另一种思路。

（一）单一状态变量的随机增长模型

Luo 和 Young（2009）在用理性疏忽理论改进真实经济周期模型上做了初步尝试。Luo 在 King、Plosser、Rebelo（1988）、Rotemberg 和 Woodford

（1996）构建的 RBC 模型基础上引入信息约束条件，构建了具有永久性技术冲击的随机增长模型。为了便于刻画内生的信号噪声，在此模型中，只含有一个状态变量——资本存量和技术变量的比率。社会决策者欲使代表性主体的效用最大化，则会面临两个约束条件——预算约束和信息处理能力约束。由于社会决策者信息处理能力有限，观察并用于决策到的信号都是有噪声的，因此社会决策者面临的问题是选择一个最优的内生误差分布，进而做出相关的消费—储蓄及劳动—闲暇决策。在模型处理上，运用 Cambell（1994）中的对数线性化方法对原来的理性预期模型进行求解，使最初的非静态随机增长模型转化为静态最优控制问题，其中只有一个状态变量，即资本 k，和两个控制变量，即消费 c 和劳动供给 l，然后再加入信息约束条件。

具体而言，理性疏忽下的随机增长模型的目标函数如下，

$$\hat{v}(\hat{k}_t) = \max_{\{c_t, l_t, D_t\}} E_0\left[\sum_{t=0}^{\infty}\beta^t u(c_t, l_t)\right]$$

约束条件为

$$k_{t+1} = \frac{\widetilde{K}^{\alpha}L^{1-\alpha}}{\widetilde{K}\exp(\mu)}(\alpha k_t + (1-\alpha)l_t) - \frac{\widetilde{C}}{\widetilde{K}\exp(\mu)}c_t + \frac{(1-\delta)\widetilde{K}}{\widetilde{K}\exp(\mu)}k_t - \omega\varepsilon_{t+1}$$

$$k_{t+1}/I_{t+1} \sim D_{t+1}$$

$$k_t/I_t \sim D_t$$

其中 D_t 是基础状态变量 k_t 的后验分布，$\hat{k}_t = E(k_t/\ I_t)$ 是感知到的状态。再通过 sims（2003）中的方法进行求解，可以得出状态变量的动态演进过程

$$\hat{k}_{t+1} = (1-\theta)G\hat{k}_t + \theta(k_{t+1} + \xi_{k,t+1})$$

这里，θ 为最优误差分布的函数。

Luo 和 Young 的结果显示，从易变性来看，产出的易变性减小了，而消费和投资的易变性上升了，尤其是消费的易变性几乎上升为标准模型下的 2 倍。这是因为行为人无法观察到世界的真实状态，从而平滑消费的能力降低，信息处理能力约束相当于起到了“二次冲击”的作用。Luo 的另一篇论文（2008）对此有更详尽的解释，并且其进一步指出，与理性预期下的消费决策相对比，理性疏忽带来的福利损失微乎其微。从动态响应的路径来看，理性疏忽假设下变量对永久性技术冲击的响应曲线出现了“驼峰”，即技术发生变化时，经济变量逐渐做出调整；而在标准模型下，响

应曲线呈单调状态，瞬时出现跳变。这种差异的产生正是因为理性疏忽模型假设行为人的注意力有限，决策者被迫采取一些时间来消化新的状态信息。

虽然，理性疏忽模型下变量的易变性和粘滞性更贴近现实，比理性预期模型下的结果更加理想，但仅有理性疏忽的介入仍无法解决 RBC 模型内生传导机制微弱的问题。但是，在此基础上引入异质性冲击后，当信息处理能力导致经济主体无法分辨异质性冲击和总冲击时，理性疏忽模型将会产生强烈的内生传导机制，与两种冲击可分开时相比，主要经济变量对总生产率冲击的响应更具有粘滞性。

（二）多状态变量的 RBC 模型

Martins 和 Sinigaglia（2009）通过采用 Benigno 和 Woodfords（2008）的 LQG 建模方法，对 Greenwood 等（1998，2000）提出的具有不确定性复合源的真实经济周期模型进行了重构，建立了含有两个资本存量状态的 LQG 模型，即将资本变量细分为设备和资本结构两方面。在该模型中，信息的摩擦可以视为一种内生调整，内生变量的粘滞程度是对冲击的最优反应。虽然仍是采用 Sims（2003）的 LQG 框架来描述理性疏忽，但与 Luo 的模型不同的是，此模型采用了更多的状态变量，而不再是单变量，由此模型无法再求得解析解，只能得到数值解。

由于总生产率冲击对生产要素所产生的影响在性质和程度上有所不同，致使不确定性有多种来源。从性质上来说，中性技术冲击是由简单的劳动生产率冲击表示；特定因素冲击以相关投资效率的新息来表示。从程度上来看，这些冲击又可以依据作用时长分为长期和短期冲击。

从短期动态特征来看，标准模型中，在完全信息能力条件下，冲击的脉冲响应结果存在着很多不尽如人意的地方，最显著的是经济变量的共动性与现实相差甚远。比如在经济扩张期，消费的响应曲线在初始时期却出现下滑，与产出等其他经济变量的波动方向出现不一致。Greenwood 等（2000）和 Boldrin 等（2001）分别试图用凹性的投资成本和习惯模式对上述模型进行了改进。而在理性疏忽模型下，有限的信息处理能力使得投资对冲击的反应不再那么迅速和及时，与标准模型相比，投资响应曲线过度波动现象降低，消费响应曲线也仅仅出现微小的下降。进一步，Martins 发现，将信息处理能力设置为 0.7bits 后，信息摩擦的引入增加了消费的变动性，也增加了与产出的相关性，同时降低了劳动时间与投资的变动性和与当前产出的相关性，实现了对传统 RBC 模型共动性的改进。

此外，理性疏忽理论还有重要的长期涵义。暂时性冲击的方差增大意味着经济需要更长的时间才能对永久冲击做出调整，经济体显示出高度的粘性，有限处理信息能力导致了内生调整成本的产生。由于力图使用于决策的感知状态接近导致真实状态，任何冲击的方差增大，都会使信息处理和注意力分配过程更加困难。短期冲击的波动性增加后，一方面，真实状态变量存在更高程度的不确定性，致使信息处理难度增加。另一方面，更多的注意力分配给该暂时性冲击而非永久冲击，与完全信息模型相比，这增加了理性疏忽模型中的相对不确定性。由此可见，理性疏忽会对长期变动性与短期变动性之间的替换关系产生影响。

（三）两时期劳动供给模型

上述两模型都是在 LQG 框架下，将理性疏忽 RBC 模型用于考察经济变量的波动特征。Batchuluun（2009）则将理性疏忽假说应用于标准的两时期劳动供给模型，以信息处理能力约束作为不确定性的来源，考察家庭（households）做出的消费—储蓄、劳动—闲暇决策，并首次实现了将非线性信息约束引入 RBC 模型。

标准劳动供给模型中，经济主体能够处理所有可用信息，可以准确知道财富和收入，因此，在每一时期经济主体都能做出精确的消费和劳动供给决策。即对应于每个工资和财富当前的真实情况，经济主体都能选择最优劳动供给 h 与最优消费 c。

而若经济主体信息处理能力有限，就无法观察到真实的财富和工资状态，则其将在消费和劳动供给方面做出最优随机决策，而非一个最优的确定性决策。即经济主体选择一个最优的，关于消费 c、劳动供给 h、当前财富 a 和工资 w 的联合概率分布函数，且此联合概率分布依赖于前期信息。

Batchuluun（2009）通过假设在每一时期，经济主体都具有信息处理能力约束，构建了具有线性目标函数，非线性信息约束以及其他线性约束的最优化问题，并求得了数值解。

文中互信息表示为 $I((a,w);(h,c)) = H(a,w) + H(h,c) - H(h,c,a,$

w)。即，在此模型中，“信号”为经济主体当前观察到的劳动供给与消费行为，并在此基础上对未来状态变量——财富和工资的联合概率分布进行更新。$I((a,w);(h,c))$ 意味着在得到劳动供给和消费的信息后，关于财富和工资不确定性的减少量。

作者用理性疏忽模型与基准模型进行比较，发现信息处理能力有限的经济主体无法观察到真实的财富和工资状态，导致劳动—闲暇决策与工资的相关性减弱。并且，财富和工资的未来不确定性也对劳动供给决策产生了重要影响。在较高的信息处理能力范围内，信息处理能力越低，经济主体面对的未来财富的不确定性越大，他们会采取更加谨慎的行动，增加当前的劳动供给和储蓄，同时减少未来的劳动供给，以维持未来的效用水平。理性疏忽导致的结果为与我们的直觉高度契合，当人们的未来财富充满不确定性时，人们会更倾向于减少当前的消费和闲暇时间，努力工作，增加当前的储蓄，从而增加未来的财富。

上述三篇文献可以看作是将 Sims（2003、2006）的理性疏忽思想用于真实经济周期模型的经典范例，对 LQG 模型和两时期模型这两种信息处理约束的建模方法的处理具有重要的研究意义。然而除了将理性疏忽假说融入 RBC 模型来解释粘性、易变性和共动性外，信息处理能力约束在解释经济周期其他特性以及在一般动态随机均衡模型应用中也取得了重要成就。Menkulasi（2009）以具有信息约束的 RBC 模型解释美国经济发展中出现的“大稳定”现象。该模型假定厂商将有限注意在总量状态和特殊状态中分配。总量冲击波动性的降低导致厂商较少注意到总体环境，结果表现为厂商对总量冲击的反应不敏感，内生变量对总冲击的反应受到抑制和延迟。Cheremukhin 和 Tutino（2011）尝试用理性疏忽假说解释经济周期的不对称性。Tutino 认为当经济主体处理信息的成本很高时，厂商们就无法正确识别最优的退出时机，他们会继续在市场中经营，直到宏观经济条件已十分恶劣时，他们才能意识到危机的降临，不得不集体退出，从而经济周期总是以缓慢扩张和急剧收缩的状态呈现。Mackowiak 和 Wiederholt（2010）首次建立了理性疏忽动的态随机一般均衡模型，研究货币政策冲击对经济变量的影响，其中经济主体信息结构的形式也是最优选择，而不再是给定的 LQG 框架或两时期框架。Paciello（2010）以 Mackowiak 和 Wiederholt（2010）所提出的模型为基础，认为除了各种冲击的易变性不同会影响经济主体的注意力分配外，价格水平的动态特征更主要取决于货币政策，即利率反馈规则会影响经济体的注意力分配。政策对预期到的通胀和产出波动反应越快，越会诱导厂商给予易变性大的变量以更多关注，从而放大了价格水平对技术冲击和货币政策冲击的反应的差异。Dworczak（2011）也将 Mackowiak 和 Wiederholt（2010）的模型进行扩展以研究财政政策，并引入了注意力动态分配的概念。理性疏忽可以降低财政政策的挤出效应，并对财政效应乘数随时间进行变更的现象给予解释，但模型无法解释为何增加政府支出就会促进消费上升。

五、进一步研究方向

1. 非线性理性疏忽模型。尽管 Sims（2006）、Lewis（2006）、Batchuluun、Luo 和 Young（2009）以及 Tutino（2009）在构建非线性理性疏忽模型方面取得一些进展，但这仅限于相当简单的模型。解决非线性问题的主要障碍在于本文中第三部分提到的无穷维状态空间和以及未知形式的后验分布的处理。非线性的处理十分复杂，计算极其缓慢，寻求一种较简洁的求解方法是理性疏忽模型进一步发展的关键。

2. 多变量与多时期模型。目前，在大多数理性疏忽模型中，状态变量的个数维持在两个左右，尽管增加状态变量可能使输出结果更加理想，但也增加了求解的困难。同时，两时期模型的局限也是显而易见的，无法考察经济变量在多个时期的运动特征使我们难以得出更加深入的结论。沿着这个两方向继续拓展理性疏忽模型具有重要研究意义。

3. 一般均衡模型。在已应用理性疏忽模型的研究领域，代表性主体均衡模型是目前的主流模型，本文中详述的三种理性疏忽经济周期模型都是具有代表性主体的 RBC 模型。构建真正的一般均衡模型是目前的难点，因为在理性疏忽情况下，均衡不是简单的通过价格机制来调节，存货、零售商、批发商、活期存款、信用卡等都会成为影响因素。真正意义上的一般均衡模型的构建和求解是一个巨大的挑战。

4. 实证分析与政策含义探索。目前为止的理性的疏忽理论只应用于定价机制、消费决策、投资组合选择和工资的设定等方面，并且多数停留于构建理论模型，在实证分析领域的研究还相当匮乏。Ma′ckowiak，Moench

和 Wiederholt（2009）对理性疏忽定价模型进行了实证分析以验证其是否符合观测数据。另外，Sims 也曾预测，一旦模型被充分开发后，理性疏忽思想将对宏观经济学和货币政策一般产生深远影响。但是，由于模型过于复杂，在政策研究方面的进展十分缓慢。

六、结论

通过对理性疏忽的建模思想进行剖析，以及对理性疏忽假说在 RBC 模型中的应用进行详细的考察，可以得出以下几点结论：

1. 与理性预期假设相比，理性疏忽更贴近现实，从而可以预见以其为假设前提所构建的经济模型将有更强的解释力。与其他不完全信息理论相比，理性疏忽模型中的信息摩擦是内生的。这种信息摩擦的产生是因为经济主体的处理能力是有限的，而非无法得到全部信息，这是理性疏忽理论与其他信息摩擦理论的本质区别。并且，Sims 指出理性疏忽理论可以作为其他信息摩擦理论的微观基础，信息通道理论为观察误差提供了物理介质。

2. 将理性疏忽理论用于改进 RBC 模型取得了显著的成效。信息处理能力的约束使经济主体无法观察到经济变量的真实状态，从而不能准确、迅速地做出决策，这可以解释经济变量的粘性特征，以及易变性和共动性，同时这也是不确定性的来源，影响着经济主体的跨期决策。

3. 尽管在原有的标准 RBC 模型中引入理性疏忽的思想可以在经济周期的统计特征方面得到更加理想的结果，但是某些情况下，通过对标准 RBC 模型的为外生冲击赋予更合理的参数值也可以达到同样的效果。因此，理性疏忽并不是粘性的唯一根源，它与其他的调整成本理论并不是完全相斥的两种机制。任何情况下，在对提高模型的性能方面，信息处理能力限制都可以成为模型的必要组成部分。尤其在巨大的调整成本假设在现实中不可能存在时，理性疏忽机制将发挥重要作用。

4. 理性疏忽理论也可以启发我们对技术创新的深入思考。信息处理能力有限会导致经济行为出现粘性，反过来就可以得出若想建设经济系统中的粘性、延迟等现象，就要提高吸收、分析、处理信息的能力，因此我们可以预见信息技术的发展将对经济现象具有重要解释力。

参考文献

[1] Anton, Cheremukhin and Antonella Tutino. 2011. "Asymmetric Firm Dynamics under Rational Inattention," http: //chertosha. com/hw/wp. html.

[2] Batchuluun, Altantsetseg. 2009. "LaborSupply with Information Processing Constraint", http: //www. virginia. edu/economics/Workshops/Fall%202009/macro/LSRIdraft. pdf.

[3] BatchuluunAltantsetseg, Luo, Yulei and Eric R. Young (2008). "Portfolio Choice with Information Processing Limits", mimeo, University of Virginia and Hong KongUniversity.

[4] Boldrin, Michele, Lawrence J. Christiano and Jonas D. M. Fisher. 2001. "Habit Persistence, Asset Return, and the Business Cycle", AmericanEconomic Review, 91, 149 – 166.

[5] Campbell, John Y. 1994. "Inspecting the Mechanism: An Analytical Approach to theStochastic Growth Model", Journal of Monetary Economics, 33 (2), 463 – 506.

[6] Greenwood, Jeremy, Zvi Hercowitz and Per Krusell. 1998. "Long – RunImplications of Investment – Specific Technological Changes", AmericanEconomic Review, 87, 342 – 362.

[7] Greenwood, Jeremy, Zvi Hercowitz and Per Krusell. 2000. The role ofinvestment – specific technological change in the business cycle", European Economic Review, 44, 91 – 115.

[8] Jeta, Menkulasi. 2009. "Rational Inattention and Changes in Macroeconomic Volatility", University of Maryland, November 9, 2009.

[9] King, Robert G., Charles I. Plosser, and Sergio Rebelo. 1988. "Production, Growth, andBusiness Cycles: II. New Directions", Journal of Monetary Economics, 21 (2), 309 – 341.

[10] Kydland, Finn, and Edward, Prescott. 1982. "Time to build and aggregate fluctuations", Econometrica, 1345 – 1370.

[11] Lewis, Kurt F. 2006. "The Life – Cycle Effects of Information – Processing Constraints", mimeo, University of Iowa.

[12] Lucas, Robert E.. 1973. "Some International Evidence on Output – Inflation Tradeoffs", The American Economic Review, June 1973, 326 – 334.

[13] Luo, Yulei. 2008. "Consumption Dynamics Under Information Processing Constraints", Review of Economic Dynamics, 11 (2), 366 – 385.

[14] Luo, Yulei and Eric R. Young. 2009. "Rational Inattention and Aggregate Fluctua-

tions", BE Journal of Macroeconomics (Contributions) 9 (1), Article 14.

[15] Ma'ckowiak, B. and M. Wiederholt. 2009. "Optimal Sticky Prices under Rational Inattention", American Economic Review 99 (3), 769 – 803.

[16] Ma'ckowiak, B. and M. Wiederholt. 2010. "Business Cycle Dynamics under Rational Inattention", CEPR Discussion Paper, 7691.

[17] Mankiw, Gregoryand Ricardo Reis. 2002. "Sticky Information versus Sticky Prices: A Proposal to Replace the New Keynesian Phillips Curve", Quarterly Journal of Economics, 117 (4), 1295 – 1328.

[18] Mankiw, Gregory and Ricardo Reis. 2006. "Pervasive Stickiness", American Economic Review, 96 (2), 164 – 169.

[19] Martins, Guilherme and Daniel, Sinigaglia. 2009. "Real business cycle dynamics under rational inattention", MPRA Paper 14089, University Library of Munich, Germany.

[20] Matejka, F. 2010. "Rationally Inattentive Seller: Sales and Discrete Pricing", Manuscript.

[21] Piotr, Dworczak. 2011. "Fiscal Policy Under Rational Inattention", Working Paper, University of Warsaw, August, 2011.

[22] Paciello, L.. 2010. "Monetary Policy Activism and Price Responsiveness to Aggregate Shocks under Rational Inattention", Manuscript.

[23] Rotemberg, Julio J. and Michael Woodford. 1996. "Real – Business – Cycle Models and the ForecastableMovements in Output, Hours, and Consumption", American Economic Review 86 (1), 71 – 89.

[24] Sims, Christopher A.. 1998. "Stickiness", Carnegie – Rochester Conference Series on PublicPolicy 49, 317 – 356.

[25] Sims, Christopher A.. 2003. "Implications of Rational Inattention", Journal of Monetary Economics, 50 (3), April 2003, 665 – 690.

[26] Sims, Christopher A.. 2006. "Rational Inattention: Beyond the Linear – Quadratic Case", The American Economic Review, Vol. 96, No. 2 (May, 2006), 158 – 163.

[27] Tutino, A.. 2009. "The Rigidity of Choice: Lifecycle Savings with Information ProcessingLimits", Manuscript.

[28] Woodford, M.. 2009. "Information – Constrained State – Dependent Pricing", Journal of MonetaryEconomics 56 (S), 100 – 124.

第五章　理性疏忽与粘性信息框架下的最优货币政策

一、引言

（一）问题的提出

关于中央银行究竟应该采取什么样的货币政策的争论由来已久，学者们的观点可以大致分为两种，一种是相机抉择的货币政策，另一种是固定规则的货币政策。货币政策作为国家宏观调控的重要手段，对推动经济增长的作用不可小视，恰当的货币政策无疑有助于熨平经济波动。怎样的货币政策是恰当的，不同的学派都基于自己的理论体系给出了不同的答案，我们所要做的是探讨哪种理论可以更好解释中国的货币政策，以及在这种理论体系下的货币政策在实践层面的优势和不足。这有助于我们更好地认识货币这一因素在经济中的作用，以制定出适于中国的货币政策。

（二）文献综述

1. 规则的货币政策还是相机抉择的货币政策

通常认为最早的关于货币政策规则的争论始于19世纪30年代的英国，通货学派和银行学派为了英国货币系统改革计划而发表了不同的建议，通货学派认为货币是外生的，而银行学派却认为银行可以通过调节贷款以消除通货膨胀的压力。最终货币学派占了上风。

在20世纪30年代以前，正统的新古典经济学家们虽然一直强调市场自动调节机制的有效性，并且极力排斥财政政策的作用，但并未彻底否认政府运用经济政策对经济产生的影响，特别是通过中央银行对流通中的货币数量加以调节，以达到特定的政策目的。在他们看来有了市场自动调节机制，再加上央行调节货币流通数量的办法已经可以应对管理经济的需要。新古典经济学家持“二分法”的观点看待货币，认为货币对于实际经济完全不起作用，货币只能影响价格等名义变量，而不会影响就业和产出等实际变量，因而货币是中性的。

20世纪30年代的经济危机中，新古典经济学家的理论对于解决现实问题无能为力。凯恩斯提出政府要实施扩张性的财政政策和货币政策，以使经济摆脱萧条。

战后以凯恩斯主义为理论指导的需求管理盛行，“逆经济风向行事”成为各国制定经济政策的依据。1946年美国通过的《就业法》，最先将凯恩斯主义的原则体现在对经济活动的调节中。此后一直到20世纪60年代，凯恩斯主义在欧美得到普遍传播和运用。早先的凯恩斯主义者重视财政政策大于重视货币政策，因为他们认为在经济极度萧条的时候，流动性陷阱会导致货币政策失效，唯有财政政策可以发挥效力。随着时间推移，他们也开始重视货币政策的重要性，中央银行三大政策手段对经济也有很大影响。凯恩斯主义者们认为政府应该实行相机抉择的货币政策。他们反对规则的货币政策的理由在于，经济中存在不可预测的波动，货币当局相机抉择可以保持在政策上的灵活性，使经济可以快速顺利地应对各种波动。同时，如果某项规则可以使经济平稳运行的话，那么相机抉择的货币当局也不排斥这项规则，可以在规则的基础上适时做出一些改变，以适应经济波动。

20世纪30年代，新古典综合学派的代表人物希克斯依据凯恩斯的思想创立了IS－LM模型，进一步以量化的手段描述货币政策，并依然认为政府实行扩张性的货币可以抑制经济衰退。20世纪60年代，美国发生了严重的通货膨胀，到了20世纪70年代，西方国家普遍出现了“滞涨”的局面。这给了经济学家们更多否定相机抉择货币政策的理由，也使各国纷纷摒弃了这种货币政策。事实证明货币当局想通过实施扩张性的货币政策，来促进经济发展的做法是错误的。

以弗里德曼为首的货币主义是最早对凯恩斯的货币政策提出质疑的学派。在其1948年的文章《经济稳定的货币和财政框架》一文中认为要建立长期稳定的财政和货币政策框架，最大限度地消除当局相机抉择带来的不确定性。他对大量统计资料的分析，得出结论：货币供应量的变化和通货膨胀率的变化间隔的平均时间是12－18个月，据此，他反对长期的政策操作，因为政策时滞可能会使货币政策本身成为经济不稳定的因素。弗里德曼和施瓦茨在1963年的文章中，关注了经济波动中的货币因素，发现货币对实际经济有显著影响，他们引用了Fischer的观点，认为经济周期源于“美元的波动（Dance of the dollar）”，他们还认为20世纪30年代的大萧条和联邦储备系统的错误操作有关。弗里德曼和施瓦茨主张实行货币增长率单一不变的货币规则，将货币供应量作为唯一的政策工具，由政府公开宣布货币供应量的年增长率，并将这一增长率固定下来。这样的货币规则可以使人们建立长期预期，并且可以在周期波动的经济中很好地运行，还可以减少短期经济波动和通货膨胀。20世纪70年代以后货币主义逐渐成为西方国家政府制定经济政策的理论依据，但这些国家却在80年代经历了持续经济衰退，被迫放弃了货币主义的主张。

面对这种情景，新古典宏观经济学派出现了，这个学派提出了货币政策无效性的命题，即货币政策中可预期的部分对经济中的实际变量没有作用，不被预期的部分虽然能对实际变量产生短期影响，但货币的变动不可能永远不被发觉，只要一被发觉，货币政策对实际变量的作用就消失了，最终只会加剧经济的波动。因此无论从短期来看还是从长期来看，货币政策都是无效的，都只能导致通货膨胀。

面对20世纪60年代货币主义和70年代新古典宏观经济学对凯恩斯主义造成的沉重打击，以及反对政府干预的自由主义呼声日益强烈，80年代西方经济学中出现了一个新的流派——新凯恩斯主义，新凯恩斯主义的产生与新古典宏观经济学本身缺陷和其理论脱离现实有关，代表人物为曼昆和斯蒂格利茨。他们一方面继承了凯恩斯主义的传统，认为私人经济具有内在不稳定性，仅依靠经济内在的力量达到从失衡到均衡的过程是缓慢的且代价高，因此政府干预经济是有必要的。他们认为不仅在商品市场中价格存在粘性，劳动力市场中价格也存在粘性。以这个理论框架为基础，很多学者研究了总需求对产出的动态影响，比如卡沃（Calvo，1983）基于交错价格调整理论建立了菲利普斯曲线模型。但人们渐渐发现粘性价格模型解释不了现实情况。Ball从这个模型中推导出“预期到的通货紧缩与其说会造成衰退不如说会造成繁荣”的结论，这显然是不符合实际的；Fuhrer和Moore认为这个模型不能解释通货膨胀持久的原因；曼昆认为模型解释不了为什么一个对货币政策的冲击会对通货膨胀有持久的效果。追本溯源，他们都认为在实际中，价格是存在粘性的，但是通货膨胀率变化很快。

巴罗（Barro，1986）在《规则还是相机抉择：近期理论发展》一文中对之前的争论做了一个总结。他认为，过去争论的焦点都集中在政策制定者是否足够理性和有能力。有时政策制定者信息不完全，或是被某些利益集团操纵。如果政策制定者是善意的，那么就没有必要用一套规则事先束缚他的手脚。巴罗在文章中还提及了 Kydland 和 Prescott 的研究成果，他们认为即使有一个商定的、确定的社会目标函数，即使政策制定者对政策的时机和广度都有掌握，即使他们对经济形势有正确的评估，仍然不会使社会福利函数最大化。悖论产生的原因是因为政策制定者们不是在和自然打交道，而是和一群理性的人打交道。由此推断，在理性预期的情况下，我们无法制定出规则的理论以适应经济计划。政策制定者有动机制造不被预期的通货膨胀以使经济增长，但人们足够理性，可以观察到这种动机，于是人们产生对通货膨胀较高预期。为了抵消这种高预期，就需要制定更高的通货膨胀率，最终经济要为此遭受代价，即动态不一致问题。

此后，巴罗和戈登（1983）推导了完全相机抉择时的均衡，此时没有促使政策制定者做出承诺的机制，最终的结论是：

（1）通货膨胀和人们预期到的一样，通货膨胀的边际收益等于边际成本，经济却没有从通货膨胀中得到任何好处；

（2）通货膨胀和货币发行速度的增长率都是过度的；

（3）具体的通货膨胀率是多少取决于菲利普斯曲线、自然失业率和其他一些变量；

（4）失业率和货币政策无关。

他们认为相机抉择就是包含更多参数的规则，规则是对政策制定者的选择的无意义的约束，规则的重要性体现在限制未来政策决策的空间。效率性要求预先承诺的潜力，即对合同的义务。在政策规则的情况下得出的产出和失业的解要比相机抉择时候要更优，至少在不考虑制定和实施政策费用的时候是这样。如果有机制约束政府未来对通货膨胀的选择，得出来的解是真正最优的。他们的研究将“相机抉择还是货币规则”从积极干预和不干预的政策中分离出来，从此打开了实际货币政策决策者可能的政策大门，结束了以往广泛认同的信条，即政策规则需要固定货币当局的工具变量。此后一般将相机抉择视为一期最优的货币政策，而将货币规则视为多期甚至是无穷期最优的货币政策。

2. 关于什么是货币规则的讨论

随着理论分析和实践证明，越来越多的证据表明相机抉择的货币并不能真正达到稳定经济的目的，相反，由于政策制定者的分析能力，人们的理性预期，以及政策时滞等因素的存在，使相机抉择的货币政策在有些时候反而会成为经济波动的根源。人们倾向于认为，应该制定一套规则限制货币当局的相机抉择行为，并为这个规则确定一个名义锚。名义锚是货币政策操作中的必须盯住的目标，通过考察名义锚的状况，公众可以评价货币政策目标是否实现，名义锚提高了政策的透明度，引入名义锚可以避免政策中的动态不一致问题。

随着对货币规则分析的深入，人们对规则的认识也在加深。最早，人们将货币主义提出的“单一货币规则”看作是规则。慢慢地，人们意识到，一种承诺的确定不变的货币政策操作手段也可以作为一种规则。

20 世界 80 年代，美国出现了货币主义解释不了的现象，比如说高利率、高失业率、M1 流动速度的大幅下降。针对这一情况，麦卡勒姆认为由于技术创新，支付手段变化，货币基金发展，回购协议的扩大，M1 和 M2 的界限变得模棱两可，货币需求函数和货币传导机制也有所变化，货币存量已经不适合作为货币政策的工具目标或是规则目标。他认为应该以名义 GNP 作为政策目标，基础货币作为政策工具。因为基础货币是美联储可控的，所以可以作为控制目标。因为基础货币的流通速度也会变，所以不必要保持每年固定的增长率。

泰勒在 1993 年讲述了泰勒规则，他认为政策规则不一定是政策工具的固定设定或一个机械的公式，规则型行为是系统地按照某一计划实施货币政策。泰勒认为，自 20 世纪 80 年代以来，美联储一直使用联邦基金利率作为政策工具，以基础货币为政策的工具的麦卡勒姆规则很难符合美国的实践。由于短期联邦基金利率与通货膨胀和产出之间存在着长期稳定关系：$r = p + 0.5y + 0.5(p - 2) + 2$ 在既定自然失业率和潜在产出下，每一个通货膨胀率都对应着一个实际均衡的联邦利率。在这些前提下，他主张以短期联邦基金利率作为政策工具，以控制通货膨胀缺口和产出缺口作为政策手段。之后，很多学者对泰勒规则进行发展，使之形式更完善，更有解释力，比如有的学者加入了利率平滑因子，以符合现实中利率惯性的情况；有的学者使用前瞻性的通货膨胀缺口；有的学者还加入了滞后变量，以增强模型的解释力，更好模拟现实数据。

斯文森对泰勒提出的关于货币规则的定义提出了质疑，他认为泰勒说的“政策规则”，其实指的是“工具规则”，多部分文献都关注简单的工具规则，工具不过是央行掌握的信息的集合，就如同有名的泰勒规则。一谈到央行的货币规则，人们就认为央行应该遵循简单的工具规则，如果央行遵循泰勒规则的话，那么一旦泰勒规则公式中的数字确定以后，央行的政策操作就失去了空间，央行就不免沦为“被简单规则和计算器武装的职员”。同时，简单的工具规则太模糊而不具操作性。斯文森认为货币政策规则的定义应该被扩大，应该被定义为“货币政策行为的描述性指南”。如果仅仅将货币政策规则定义为工具规则的话，那么无法解释“通货膨胀目标制”这样的规则，所以，货币政策应该包括工具规则和目标规则。尽管有的时候简单的货币规则，比如说泰勒规则可以作为货币政策的基准，但是简单的工具规则是非常不完整的，原因在于简单的工具规则没有具体说明央行什么时候可以偏离制定的规则。与此形成对比的是，目标规则更加完善，因为目标允许使用模型外的信息，从而使政策目标很少有偏离的机会。按照斯文森的说法，一个好的货币政策应该遵循如下规则：

（1）具体说明操作目标；

（2）估计出目标变量之间的关系；

（3）具体说明目标规则是怎样的；

（4）为目标变量制定出具体路径以满足特定的目标规则。

伯南克和米什金（1997）也结合通货膨胀目标制讲了什么是规则。他们认为传统的对货币政策的二分法的区分——要么分为规则的货币政策，要么分为相机抉择的货币政策——本身就是误导人的。通货膨胀目标制按照以前的看法，应该分为规则的货币政策一类，但是他又不仅仅是简单的货币政策规则，他允许央行为了达到设定的通货膨胀率而运用各种政策或工具手段。通货膨胀目标制度可以被理解为“有约束的相机抉择”，这种约束增强了政策透明度，加强了政策制定者和公众的沟通。

3. 国内的研究

中国人民银行从 1984 年开始履行中央银行的职能，这意味着我国从这时起才有真正意义上的货币政策。在 1993 年之前，我国一直采取调控现金投放和信贷规模来实现货币政策。但这种调控机制存在明显的不足，央行在1993年之后开始以货币供应量作为政策目标。1984年到1997年，我国运用的最多的货币政策工具是贷款规模计划指令。1998年央行宣布放弃对货币信贷规模的直接控制，转向间接调控，这意味着我国建立了现代意义上的货币政策机制，也更加明确货币供应量作为政策目标的地位。

我国对最优货币政策规则的研究起步较晚，研究内容也局限于介绍国外已有的货币政策规则并检验其在中国的适用性。我国学者都承认货币政策对调节我国经济的扩张或收缩有重要的作用，货币是非中性的。谢平和罗雄（2002）首次验证了泰勒规则在中国的适用性，并认为泰勒规则可以作为中国货币政策松紧的参照尺度，但他们认为泰勒规则是一种不稳定的货币规则，如果以此作为货币规则会导致通货膨胀和通货紧缩有着自我实现。杨英杰（2002）考察了泰勒规则和麦卡勒姆规则在中国的适用性，也认为泰勒规则不可以衡量中国的货币政策，因为泰勒规则是不稳定，同样的，麦卡勒姆规则也不适用。进一步，他主张货币政策的操作要以货币市场的利率为目标。

但也有一些学者，比如说王莹（2004）、蔡跃洲和吉昱华（2004）认为泰勒规则在中国不适用，主要原因是因为泰勒规则本身的两大框架性限制，其一是货币当局促进经济增长和稳定通货膨胀的双重目标，其二是浮动汇率制度。除此之外，泰勒规则顺利发挥作用还需要畅通无阻的利率传导机制做保证。中国的利率没有完全市场化，阻碍了泰勒规则在中国发挥应有的作用。谢平和刘斌（2004）更加深入地介绍了西方在最优货币规则研究方面的新进展。他们在动态随机一般均衡框架下，通过对福利函数的构造，研究了完全承诺货币规则、泰勒规则、麦卡勒姆规则、盯住货币供应量规则和盯住物价水平等规则，并在研究中考虑了货币政策的前瞻性和稳健性，以及货币政策规则的透明性和可信性。

随后，刘斌（2003）估计了我国的菲利普斯曲线，他根据我国1987至2002年的季度数据，建立了一个混合型经济模型，发现最优的泰勒规则能够很好地近似完全承诺的最优货币政策规则，相机抉择对通胀的稳定不利，并由此得出结论，我国中央银行经常调整货币政策的各项措施，缺乏系统性，忽略了稳定经济这个长期目标，相机抉择色彩过于浓厚。刘越飞（2004）认为前瞻性的泰勒规则比原泰勒规则更能拟合现实。

也有一些学者认为中国的货币政策是相机抉择的（非规则），如李东元（2006）通过运用三阶段最小二乘法估计模型，得出结论：由于我国货币和利率之间的联动机制被阻断，金融机构行为的非规范性，我国很难有规则的货币政策，同时他认为这种政策的不稳定性导致政策造作难度加大，政策风险加大。持有相同看法的还有吴桐和袁靖。

除了各种形式的泰勒规则外，有的学者还研究了通货膨胀目标制在我国的适用性。柳永明（2002）系统地介绍了通货膨胀目标制，并给出发达国家，比如瑞典、芬兰、新西兰和加拿大等国家实行该目标制的结果。他最后的结论是，是否实行通货膨胀目标制要因国而异，因为实行通货膨胀目标制的国家，失业率必然居高不下，这是这一制度的基本缺陷，并认为加拿大20世纪90年代的经济衰退和实行该目标制有关系。他还认为通货膨胀目标制会引起“工具不稳”的结果，这是该制度的又一基本缺陷，实行通货膨胀目标制必然造成利率波动频繁。最后他认为发展中国家最好不要实行该制度。王朝军（2003）也认为通货膨胀目标制不适合于中国。周素芳（2003）认为可以通过通货膨胀目标规则实现最优货币政策。他将该目标制和“名义收入目标制”和“价格水平目标制度”做了对比，在说明名义收入目标制缺陷的时候，他引用了Ball（1996）的结论：无论是以增长率还是以数量水平作为目标的名义收入目标制度，都会导致通货膨胀和产出缺口的不稳定性。他认为价格水平目标制虽然消除了基础漂移，但是却阻碍了价格作为市场经济信号发挥的作用，而且保持物价水平不变是件几乎不可能的事。他认为通货膨胀目标制可以降低通货膨胀率，而且不应该因为一些先决条件缺失而放弃实施该目标制，条件不成熟的国家可以先明确地或暗地里向该目标制靠拢，等到条件成熟，再明确地实行该目标制。

（三）本文的研究方法

本文的分析框架建立在粘性信息理论之下。首先本文构造了一个封闭经济下个人在商品市场和劳动力市场追求效用最大化的模型，得到对某种商品的最优需求，并由此得到总需求。同样的方法还可以得到个人对劳动的最优定价以及个人的效用函数，由此推导出当某种商品的产出偏离自然产出的时候，其价格对总体价格的偏离程度。此后运用粘性信息模型推导出价格和产出的关系，更进一步得到通货膨胀率和产出的关系，即粘性信息条件下的菲利普斯曲线。最后我们将粘性信息菲利普斯曲线运用到效用函数表达式中，得出粘性信息下的效用（或是损失）函数。更进一步，我们就在既定的效用函数下探讨最优货币政策。由公式推导我们得出的结论是价格目标制是粘性信息条件下的最优货币政策。本文还验证了粘性信息模型对中国状况的解释能力，得出了粘性信息模型和中国数据拟合良好，从而进一步验证了模型在中国的适用性。

二、粘性信息下的最优货币政策推导

（一）模型框架

（1）模型的基本假设

假设①：经济环境是封闭的，生活资料的消费和生产资料的创造均在封闭的经济体内部解决，不存在对外交换。

假设②：模型建立在连续函数的基础之上，每个家户称为 i，每个家户在市场上独立作出决定，是进行经济活动的最小单位。

假设③：每个家户都生产有差别的产品，从别的家户处购买产品供自己消费。

假设④：完全竞争的市场，所有家户在消费中所面临的风险是一样的，所以每个家户的消费水平是相等的，但劳动供给存在差异。

（2）建立模型

我们可以假设第 i 个家户第 t 时的效用为 $U_{it}=\frac{C_{it}^{1-\sigma}-1}{1-\sigma}-\frac{L_{it}^{1+\varpi}}{1+\varpi}$，其中 L_{it} 代表家户 i 第 t 时的劳动供给，C_{it} 代表家户 i 消费不同商品的 CES 消费加总，这个加总可以表示为：$C_{it}=[\int_0^1(C_{it}^j)^{\frac{\gamma-1}{\gamma}}dj]^{\frac{\gamma}{\gamma-1}}$，其中 C_{it}^j 家户 i 在 t 时期消费的家户 j 生产提供的产品的数量。σ 代表了风险厌恶程度，φ 代表劳动供给的边际负效用，γ 代表不同产品间的替代弹性。

家户 i 的生产函数可以写为：$Y_{it}=A_tL_{it}$，其中 Y 代表产出水平，A 代表总产量的变动因素，他遵循一个任意的随机过程。

家户每个时期的预算约束为：

$$\int_0^1 C_{it}^jP_{jt}dj+M_{it}+E_t[Q_{t+1},V_{it+1}]=P_{it}Y_{it}+M_{it-1}+V_{it} \qquad (5-1)$$

等式左边代表可供家户 i 在 t 时期的支出，其中 C_i^j 为家户 i 在 t 时期购买家户 j 生产的产品数量，M_{it} 为家户 i 持有的名义现金量。V_t 代表 t 时期所拥有的金融资产组合的名义价值，为了在第（t+1）期得到 V_{t+1} 数量的金融资产，在第 t 期必须购买 $E_t[Q_{t+1}, V_{it+1}]$ 的金融资产，具体数字由条件期望的形式给出，Q_{t+1} 代表 t 期和（t+1）期的随机折现因素，完全竞争的金融市场的假设可以避免人们由于有不同的金融产品风险偏好而产生不同的折现率。等式右边代表人们的收入，家户 t 期所拥有的现金和金融资产都已在（t-1）期决定。

人们在预算约束下追求一生效用最大化，即：

$\max E_0\left\{\sum_{t=0}^{\infty}\beta^t\left[\frac{C_{it}^{1-\sigma}-1}{1-\sigma}-\frac{L_{it}^{1+}}{1+}\right]\right\}$。$\beta$ 为时间的贴现因子，每个家户都选择每个时期的消费，劳动供给以使得自己的终身效用最大化，同时家户还要为自己的产品定价。

首先，我们可以用拉格朗日乘数的方法求出在家户支出一定以及消费总量一定的情况下，对 j 种产品 C_{it}^j 的消费量，使得总支出 $\int_0^1 C_{it}^j P_{tj} dj$ 最小。构造的拉格朗日函数为：

$$L(C_{it}^j,\lambda) = \int_0^1 C_{it}^j P_{tj} dj + \lambda\left\{C_{it} - \left[\int_0^1 (C_{it}^j)^{\frac{\gamma-1}{\gamma}} dj\right]^{\frac{\gamma}{\gamma-1}}\right\} \qquad (5-2)$$

求解其一阶条件，得到：$P_{jt} = C_{it}$。同时还可以得到每种商品的消费量：$\frac{C_{it}^j}{C_{it}} = (\frac{P_{jt}}{P_t})^{-\gamma}$，我们从中可以看出，对 j 中商品的需求量与需求总量的比和相对价格有关。其中 P_t 代表总产品 C_{it} 的价格指数，可以被表示为各种产品价格的 CES 加总，即：$P_t = [\int_0^1 P_{it}^{1-\gamma} di]^{\frac{1}{1-\gamma}}$。

对单个消费者的需求水平加总，可以得到每种商品的总需求，即：

$$C_t^j = \int_0^1 C_{it}^j di = \int_0^1 (\frac{P_{jt}}{P_t})^{-\gamma} C_{it} di = (\frac{P_{jt}}{P_t})^{-\gamma} C_t \qquad (5-3)$$

其中 $C_t = \int_0^1 C_{it} di$，是 t 时期的社会消费总量。

其次，我们可以求出家户在每一时为自己产品定的最优价格。该问题可以表示为：

$$\max U_{it} = \max \frac{C_{it}^{1-\sigma}-1}{1-\sigma} - \frac{L_{it}^{1+}}{1+}$$

$$\text{s. t. } \frac{C_{it}^{j}}{C_{it}} = \left(\frac{P_{jt}}{P_t}\right)^{-\gamma} \text{ s. t. } Y_{it} = A_t L_{it} \tag{5-4}$$

如果最优价格用 P_{it}^* 来表示，那么可以写作：$\frac{P_{it}^*}{P_t} = \frac{\gamma}{\gamma-1}\frac{C_t^{\sigma}L_{it}^{\varphi}}{A_t}$。

在我们得到了模型的最优解后，我们接下来要考虑在市场出清的条件下能得到什么结论。由于是封闭经济，所以有 $C=Y$，$C_i = Y_i$。

我们前边得出：$\frac{P_{it}^*}{P_t} = \frac{\gamma}{\gamma-1}\frac{C_t^{\sigma}L_{it}^{\varphi}}{A_t}$，我们下边将 $C_t = \left(\frac{P_{it}^*}{P_t}\right)^{\gamma}Y_{it}$，$Y_{it} = A_t L_{it}$ 带入，就可以得出 $\left(\frac{P_{it}^*}{P_t}\right)^{1-\gamma\varphi} = \frac{\gamma}{\gamma-1}Y_{it}^{\sigma+\varphi}A^{-\varphi-1}$。两边分别取对数，可以得出：$(1-\gamma\varphi)(p_{it}-p_t) = \ln\frac{\gamma}{\gamma-1} + (\sigma+\varphi)y_{it} - (\varphi+1)a_t$，其中 $\ln P_{it} = p_{it}$，$\ln A_t = a_t$，$\ln Y_{it} = y_{it}$。再将这个式子简写为：$p_{it} = p_t + \alpha y_{it} - \frac{\varphi+1}{1-\gamma\varphi}a_t + \frac{\ln\frac{\gamma}{\gamma-1}}{1-\gamma\varphi}$。其中 $\alpha = \frac{\sigma+\varphi}{1-\gamma\varphi}$。

我们定义自然产出为 $p_{it} = p_t$ 条件下的产出，所以对数自然产出 y_n 可以写为：$y_n = \frac{1+\varphi}{\sigma+\varphi}a_t - \frac{\ln\frac{\gamma}{\gamma-1}}{\sigma+\varphi}$。借助对数自然产出的表达方式，我们可以将上式改写为：$p_{it} = p_t + \alpha(y_{it} - y_n)$。参数 α 衡量了商品生产在偏离了自然产出的时候，其价格对总体价格的偏离程度。

（二）粘性信息模型的简要介绍

1. 粘性信息模型提出的理论背景

很多学者对各国大量历史数据的累积的计量都发现了价格的粘性，不仅在商品市场中价格存在粘性，劳动力市场中价格也存在粘性，现实情况并非如卢卡斯在理性预期模型中描述的那样，现实中通货膨胀存在惯性。在分析价格粘性的原因时，新凯恩斯主义者区分了名义粘性和实际粘性，他们用相对工资理论、交易成本论、长期合同和交错调整工资理论等解释名义工资刚性的原因；用交错调整价格模型、接近成本模型或者菜单成本模型解释名义价格刚性；用隐含合约理论、效率工资理论、局内人—局外人理论解释真实工资粘性。以这个理论框架为基础，很多学者研究了总需求对产出的动态影响，比如卡沃（Calvo，1983）基于交错价格调整理论建立了菲利普斯曲线模型。但人们渐渐发现粘性价格模型解释不了现实情况。Ball 从这个模型中推导出“预期到的通货紧缩与其说会造成衰退不如说会造成繁荣”的结论，这显然是不符合实际的；Fuhrer 和 Moore 认为这个模型不能解释通货膨胀持久的原因；曼昆认为模型解释不了为什么一个对货币政策的冲击会对通货膨胀有持久的效果。追本溯源，他们都认为在实际中，价格是存在粘性的，但是通货膨胀率变化很快。

为了解决通货膨胀没有持久性的缺点，Ball（1999）创立了加速的菲利普斯曲线的模型，该模型假定失业率是个外生变量，并且影响通货膨胀率，通货膨胀率预期是后向预期。但是这个模型经不住“卢卡斯批判”，因为当政策发生变更，人们的预期也会改变，这时候人们不仅要考虑过去事情的影响，也要考虑将来发生的事对现在的影响，并据此改变行为，行为的改变会造原模型中的参数改变。

为了弥补上述模型对现实拟合不好的缺陷，Fuhrer 和 Moore 提出了同时采用向前和向后预期的混合菲利普斯曲线的模型，即假设一部分人具有向后的通货膨胀预期，而其余的人依然有理性预期。该模型假设合同工资持续两个时期，合同交错调整，每个时期有一半的合同工资被调整，人们关心实际工资，其值等于前一期的实际工资和后一期预期实际工资的平均。这个模型可以解决通货膨胀持久性的问题，但人们又发现这个模型同时有加速菲利普斯曲线模型和理性预期模型的缺点。

作为对以上模型的新发展，曼昆和瑞斯在 2002 年时提出了粘性信息的概念，用以研究总需求对产出和价格的动态影响。他们认为宏观经济信息在厂商和消费者之间缓慢传播，尽管价格总是在变动，可是人们却并不总是用此时此刻的信息做出自己的价格决策，有时人们会用以前得到的但现在已经变化了的信息做出决策。他们认为自己的模型结合了卡沃的随机调整模型和卢卡斯不完全信息模型的精华。作为对粘性信息理论的应用，他们建立了粘性信息的菲利普斯曲线，并以此对比了粘性价格的菲利普斯曲线。他们认为两者最大的区别是粘性价格菲利普斯曲线认为现在对未来的预期决定了通货膨胀，而粘性信息模型认为过去对现在的预期决定了通货膨胀。他们还认为自己的模型较之粘性价格模型有优势，表现在：经受住了麦卡勒姆批判，麦卡勒姆认为粘性价格模型菲利普斯曲线违反了自然率假说，而他们的模型符合这一假说，且暗示了产出缺口为零。

2. 粘性信息模型下的菲利普斯曲线

模型假设每个时期都有家户重新定价，但家户收集信息以及重新计算最优价格的速度较缓慢。在每个时期都有 λ 比例的家户得到关于经济状况的信息，并据此得出自己的最优价格；其他（$1-\lambda$）比例的家户根据过时的信息定价。假设每期每个家户改变最优价格的几率是相等的，无论距离上次的价格调整有多久。j 期前更新过信息的家户定价为：$x_t^j = E_{t-j}p_t^*$，最优价格 p_{it}^* 已在上文中推导，总的价格水平 p_t 可以理解为所有家户定价的平均数，写作 $p_t = \lambda\sum_{j=0}^{\infty}(1-\lambda)^j x_t^j$。综合前边几个等式，我们可以推导出价格和产出的关系如下：

$$p_t = \lambda\sum_{j=0}^{\infty}(1-\lambda)^j E_{t-j}[(1-\alpha)p_t + \alpha m_t]$$

$$p_t = \lambda\sum_{j=0}^{t}(1-\lambda)^j E_{t-j}[(1-\alpha)p_t + \alpha m_t] + \lambda\sum_{j=t+1}^{\infty}(1-\lambda)^j E_{t-j}[(1-\alpha)p_t + \alpha m_t] \quad (5-5)$$

这个式子意味着产出和价格水平的意外变动同向变动。这个式子还可以写为：

$$p_t = \lambda(p_t + \alpha y_t) + \lambda\sum_{j=0}^{\infty}(1-\lambda)^{j+1}E_{t-1-j}(p_t + \alpha y_t - \alpha y_n) \quad (5-6)$$

如果定义通货膨胀率 $\pi_t = p_t - p_{t-1}$，通过式（5-1），我们还可以推导出 π_t：

$$\pi_t = \frac{\alpha\lambda}{1-\lambda}(y_t - y_n) + \lambda\sum_{j=0}^{\infty}(1-\lambda)^j E_{t-1-j}(\pi_t + \alpha\Delta y_t - \alpha\Delta y_n) \quad (5-7)$$

其中 $\Delta y_t = y_t - y_{t-1}\Delta y_n = y_{nt} - y_{n(t-1)}$

这些模型说明价格水平和价格水平的变化取决于当期的产出，过去对价格和产出的预期，还有家户接受到信息的时间。式（5-7）就代表了粘性信息下的菲利普斯曲线，曼昆和瑞斯用它来代替用价格交错调整模型推导出的新凯恩斯主义菲利普斯曲线。

粘性信息菲利普斯曲线告诉我们通胀率与产出，对通货膨胀和产出的预期相关。在粘性信息模型中，过去对于现在经济状况的预期是决定性因素。

粘性信息模型的理论优势在于支持了麦卡勒姆批判。麦金农曾批判过新凯恩斯主义提出的粘性价格模型违反了自然率假说，自然率假说认为没有可以持续提高产出的货币政策。而且粘性信息模型还满足 $p_t = E_{t-j}p_t$，这就意味着 $y_t = 0$。

3. 对粘性信息模型的检验

曼昆和瑞斯在阐述粘性信息下的菲利普斯曲线模型的时候，根据经验，对模型中的参数进行了估计。比如在 $p_{it} = p_t + \alpha(y_{it} - y_n)$ 式中，他们估计 α 的值为0.1，也就是说产出缺口每变化一个单位，对家户的最优价格影响是0.1个单位；每个时期都有 λ 比例的家户得到关于经济状况的信息，并据此得出最优价格，他们认为这个 λ 应该等于0.25。

这些根据美国情况估计的数据在中国是不准确的，根据中国的通货膨胀、产出缺口和预期通货膨胀的数据，运用广义矩阵估计的方法得出了这些参数在中国的取值，认为 α 取0.2比较好，在 α 取0.2的时候，λ 取0.688。我们下边就用前文计算的结果来检验粘性信息模型是否可以较好拟合中国的通货膨胀产出动态。

首先我们来看，当需求总量下降的时候，需求变动对通货膨胀和对产出的影响。需求用 m 来表示，m 可以理解为名义 GDP，写为：$m_t = p_t y_t$。

这需要我们构造一个以需求为自变量，以价格为因变量的函数。我们可以计算出，在粘性信息模型的框架下，我们将式（5－5）改写为：

$$p_t = \lambda \sum_{j=0}^{\infty} (1-\lambda)^j E_{t-j}[(1-\alpha)p_t + \alpha m_t] \tag{5-8}$$

由于在t时期的价格可以由两部分因素解释，其中一部分是意识到总需求变化的人制定的价格，余下的就是还没有意识到总需求变化的人，他们制定的价格还是变化前的陈旧的价格。这样价格水平可以写为：

$$p_t = \lambda \sum_{j=0}^{t} (1-\lambda)^j E_{t-j}[(1-\alpha)p_t + \alpha m_t] + \lambda \sum_{j=t+1}^{\infty} (1-\lambda)^j E_{t-j}[(1-\alpha)p_t + \alpha m_t] \tag{5-9}$$

将上式整理得到：

$$p_t = [-\log(m)(1-\lambda)^{t+1}]/[1-(1-\alpha)(1-(1-\lambda)^{t+1})] \tag{5-10}$$

依据这个公式，我们可以计算出当需求下降的时候，产出和通货膨胀率是如何变化的。

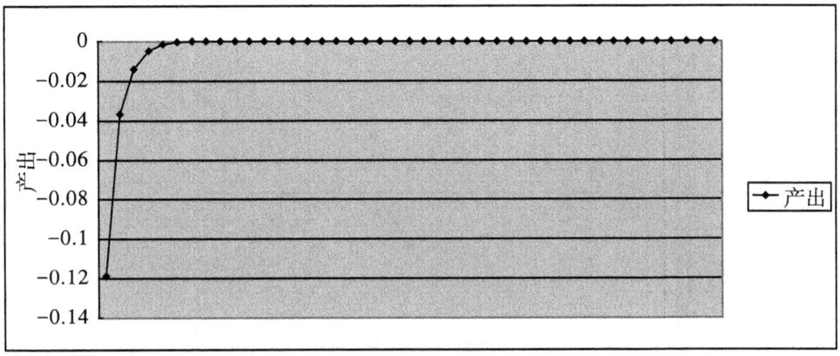

图 5—1 需求对产出的影响

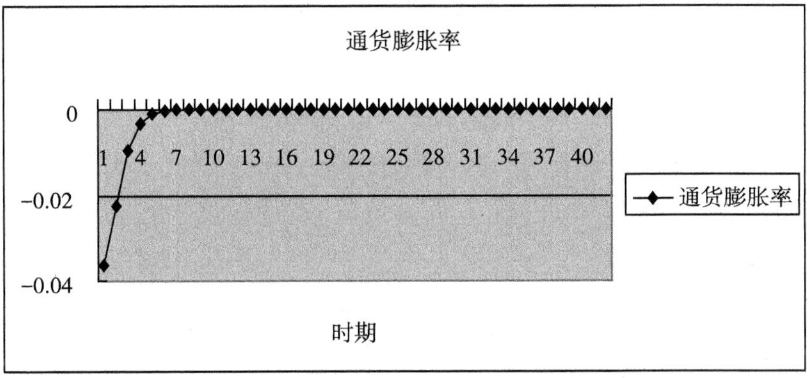

图 5—2 需求对通货膨胀率的影响

通过这两个模拟图，我们可以看出，需求下降的当期会使产出和通货膨胀率下降，但是产出和通货膨胀率会自然回复到需求下降前的状态，需求冲击没有长期持久的效应。

我们下边构造有关中国产出通货膨胀动态的 VAR 模型，在相应模型的基础上，看产出和通货膨胀率对需求的脉冲响应。下面两张图分别表示需求对通货膨胀率的影响和需求对产出的影响。我们看到，实际得出的结果和粘性信息模型描述的结果相当一致，即需求下降对产出和通货膨胀率只有暂时的影响，产出和通货膨胀有回复到需求下降前状态的趋势。

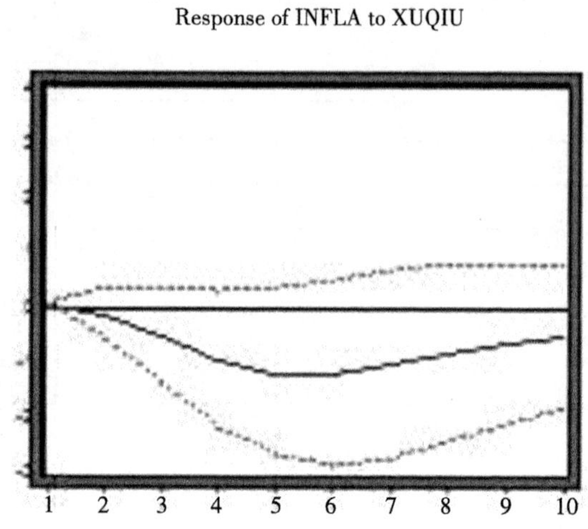

图 5－3　通货膨胀对需求的脉冲响应

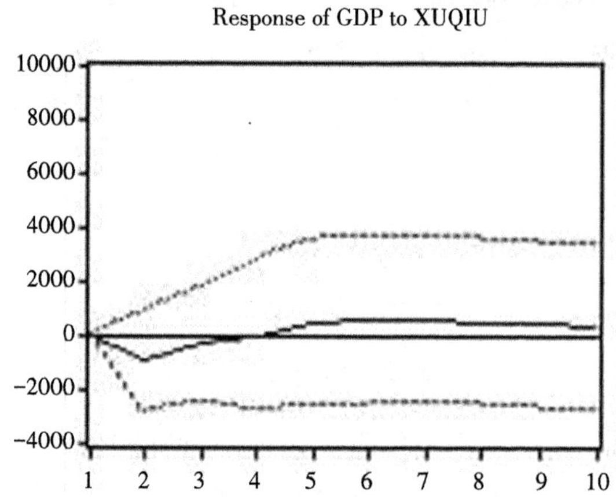

图 5－4　GDP 对需求的脉冲响应

下面我们再来考察，当预期的需求增长率下降，即预期到的通货紧缩发生的时候，通货膨胀和产出是如何变动的。在这里，我们需要将预期的通货膨胀率加入到模型中，如何表示预期是必须解决的问题，曼昆和瑞斯在文章中假设预期形式如下：$E_{t-j}p_t = E_{t-j}m_t = 0.025(1+t)$。有了预期的表达形式，我们就可以得出价格在预期形式下的表达式：

$$p_t = [0.025(1+t)(1-\lambda)^{t+1}]/[1-(1-\alpha)(1-(1-\lambda)^{t+1})]$$

依据这个公式，我们可以得出当预期通货膨胀率下降的时候，产出和真实通货膨胀率是如何变化的。

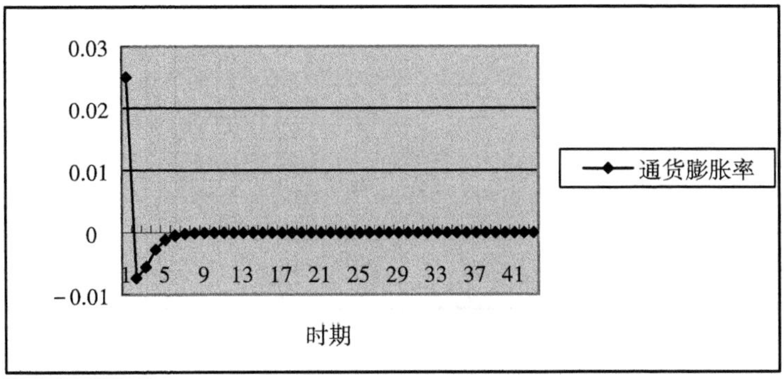

图 5－5　预期通货膨胀率对真实通货膨胀率的影响

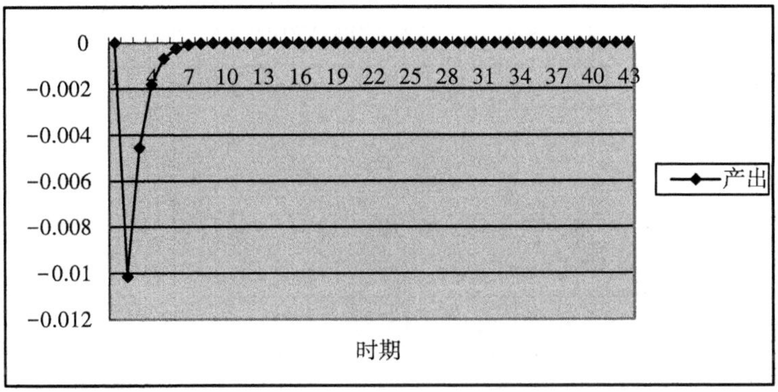

图 5－6　预期通货膨胀对真实产出的影响

通过图 5－5 和 5－6，我们可以看到预期通货膨胀率使真实通货膨胀率和产出暂时下降，在一段时期过后，他们又趋向于回复到原来的水平。

我们将模型的结果和中国实际状况做比较。我们在 VAR 模型中添加了预期通货膨胀率这一因素。下面两张图分别表示预期通货膨胀率对真实通货膨胀率和产出的影响。我们看到在某一期，人们对通货膨胀的预期改变，确实可以影响实际通货膨胀和产出，但是，实际通货膨胀率和产出会逐渐趋向平稳，预期对真实经济的影响逐渐消失。

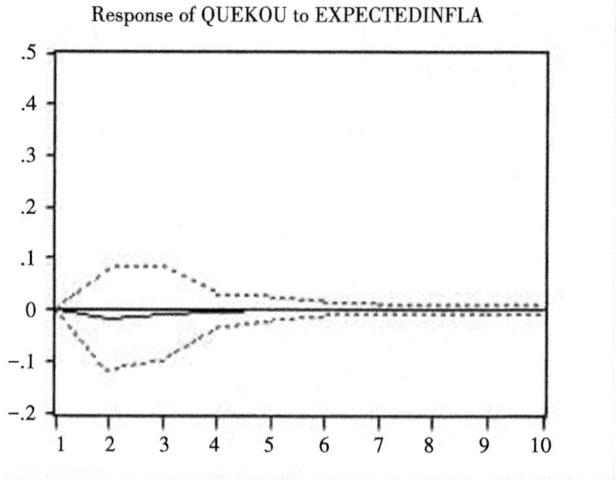

图 5-7 产出缺口对通货膨胀预期的脉冲响应

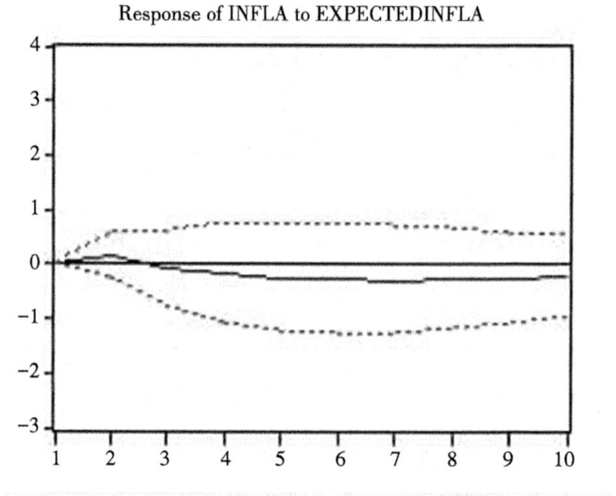

图 5-8 真实通货膨胀率对通货膨胀预期的脉冲响应

通过上边的分析，我们不难得出结论，粘性信息模型能很好地拟合中国的现实，这为我们在粘性信息框架下分析中国最优货币政策提供了良好的平台。

（三）粘性信息模型下的效用函数

我们上文中得出 $y_n = \frac{1+\varphi}{\sigma+\varphi}a_t - \frac{\ln\frac{\gamma}{\gamma-1}}{\sigma+\varphi}$，此式经过变形可以得到：$\overline{y_t} = \frac{1+\varphi}{\sigma+\varphi}\overline{a_t}$，因为根据假设我们有：$E\ln\frac{\gamma}{\gamma-1} = 1$。我们将效用函数近似地写为：

$$U_t = \frac{e^{(1-\sigma)y_t}}{1-\sigma} - \int_0^1 \frac{e^{(1+\varphi)(y_{it}-a_t)}}{1+\varphi}di \qquad (5-11)$$

二阶泰勒近似可以写为：

$$Ul \approx e^{(1-\sigma)\overline{y_t}}(\hat{y}_t + \frac{1-\sigma}{2}\hat{y}_t^2) - e^{(1+\varpi)(\overline{y_t}-\overline{a_t})}\int_0^1(\hat{y}_{it} + \frac{1+\sigma}{2}\hat{y}_{it}^2 - (1+\varpi)\hat{y}_{it}\hat{a}_t)di + t.i.p$$

其中 $\hat{y}_t = y_t - \overline{y_t}$，$\hat{a}_t = a_t - \overline{a_t}$，$\hat{y}_{it} = y_{it} - \overline{y_t}$。我们定义 $E_i(\hat{y}_{it}) = \int \hat{y}_{it}di$，$Var_i(\hat{y}_{it}) = E_i(\hat{y}_{it}^2) - E_i(\hat{y}_{it})^2$。我们可以将其带入上式，上式变为：

$$Ul \approx e^{(1-\sigma)\overline{y_t}}(\hat{y}_t + \frac{1-\sigma}{2}\hat{y}_t^2) - e^{(1+\varphi)(\overline{y_t}-\overline{a_t})}\{E_i(\hat{y}_{it}) + \frac{1+\sigma}{2}[Var_i(\hat{y}_{it}) + E_i(\hat{y}_{it})^2] - (1+\varphi)\hat{a}_t E_i(\hat{y}_{it})\} + t.i.p$$

因为式 $C_{it} = [\int_0^1 (C_{it}^j)^{\frac{\gamma-1}{\gamma}}dj]^{\frac{\gamma}{\gamma-1}}$ 的 CES 集合在 $\overline{y_t}$ 的二阶近似可以表示为：$\hat{y}_t \approx E_i(\hat{y}_{it}) - \frac{1-\frac{1}{\gamma}}{2}\mathrm{var}_i(\hat{y}_{it})$，用它来替换上式中的 $E_i(\hat{y}_{it})$，可以得到：

$$Ul \approx e^{(1-\sigma)\overline{y_t}}(\hat{y}_t + \frac{1-\sigma}{2}\hat{y}_t^2) - e^{(1+\varphi)(\overline{y_t}-\overline{a_t})}\{\hat{y}_t + \frac{1+\varphi}{2}\hat{y}_t^2 + \frac{\frac{1}{\gamma}+\varphi}{2}Var_i(\hat{y}_{it}) - (1+\varphi)\hat{a}_t\hat{y}_t + \frac{(1+\varpi)(1-\frac{1}{\gamma})^2}{8}Var_i^2(\hat{y}_{it}) + \frac{(1+\varpi)(1-\frac{1}{\gamma})}{2}\hat{y}_t Var_i(\hat{y}_{it}) - \frac{(1+\varpi)(1-\frac{1}{\gamma})}{2}\hat{a}_t Var_i(\hat{y}_{it})\} + t.i.p$$

为了简化，去掉高次幂项，简化后的式子为：

$$Ul \approx e^{(1-\sigma)\bar{y}_t}(\hat{y}_t + \frac{1-\sigma}{2}\hat{y}_t^{\ 2}) - e^{(1+\varphi)(\bar{y}_t - \bar{a}_t)}[\hat{y}_t + \frac{1+\varphi}{2}\hat{y}_t^{\ 2} + \frac{\frac{1}{\gamma}+\varphi}{2}Var_i(\hat{y}_{it})$$

$-(1+\varphi)\hat{a}_t\hat{y}_t]$ 由于我们前边已经推导出 $\bar{y}_t = \frac{1+\varphi}{\sigma+\varphi}\bar{a}_t$，我们可以将此式变形写为 $(1+\varphi)(\bar{y}_t - \bar{a}_t) = (1-\sigma)\bar{y}_t$。将这个式子带入近似的效用函数，得到：

$$U_t \approx -e^{(1-\sigma)\bar{y}_t}\frac{\sigma+\varphi}{2}[\hat{y}_t^{\ 2} + \frac{\frac{1}{\gamma}+\varphi}{\varphi+\sigma}Var_i(\hat{y}_{it}) - 2\frac{1+\varphi}{\varphi+\sigma}\hat{a}_t\hat{y}_t] + t.i.p \tag{5-12}$$

我们前边得出自然产出 $y_n = \frac{1+\varphi}{\sigma+\varphi}a_t - \frac{\ln\frac{\gamma}{\gamma-1}}{\sigma+\varphi}$，借助这个表达式，我们可以将上式继续整理为：$-U_t \approx (\hat{y}_t - \hat{y}_n)^2 + \frac{\frac{1}{\gamma}+\varphi}{\varphi+\sigma}Var_i(\hat{y}_{it} - \hat{y}_t) + t.i.p$

因为 $\hat{y}_{it}$ 和 $\hat{y}_t$ 都有相同的均值 $\bar{y}$，所以 $(\hat{y}_{it} - \hat{y}_t) = y_{it} - y_t$。$(\hat{y}_t - \hat{y}_n)^2$ 可以改写为：$y_t - Ey_t - (y_n - Ey_n)$，上式可以再改写为：

$$-U_t = [y_t - Ey_t - (y_n - Ey_n)]^2 + \frac{\frac{1}{\gamma}+\varphi}{\varphi+\sigma}Var_i(y_{it} - y_t) + t.i.p \tag{5-13}$$

因为前边推导出 $p_{it} = p_t + \alpha(y_{it} - y_n)$，所以，上式可以改写为：

$$-U_t = [y_t - Ey_t - (y_n - Ey_n)]^2 + \alpha^2\frac{\frac{1}{\gamma}+\varphi}{\varphi+\sigma}Var_i(p_{it} - p_t) + t.i.p \tag{5-14}$$

这个式子就是损失函数，是效用函数的相反数。

为了探讨执行什么样的货币可以使得损失函数最小化，我们还要对这个损失函数做两次近似，以达到在不影响经济含义的前提下精炼出最简化函数形式的目的。第一步近似，我们假设 $Ey_t = Ey_n$。

损失函数这时可以写为：

$$-U_t = (y_t - y_n)^2 + \alpha^2 \frac{\frac{1}{\gamma}+\varphi}{\varphi+\sigma} Var_i(p_{it} - p_t) + t.i.p$$

$$Var(y_t - y_n) \sum_{j=1}^{\infty} \rho_j [p_t - E_{t-j}(p_t)^2]$$

因为家户的目标并不是在某一期最大化自己的效用，而是在可预见的各期使得自己的未来效用的贴现值达到最大，所以家户的效用最大化问题可以写为：$E_0[(1-\beta)\sum_{t=0}^{\infty}\beta^t U_t]$。将上边已经推导出来的 U_t 代入这个式子，再进行第二步的近似，我们可以得到家户效用函数的最终形式：$-Var(y_t - y_n) - \frac{\frac{1}{\gamma}+\varphi}{\varphi+\sigma}E[Var_i(y_{it} - y_t)]$。

由于我们在前边得到：$p_{it} - p_t = \alpha(y_{it} - y_t)$，所以上式可以改写为：$-Var(y_t - y_n) - \frac{\frac{1}{\gamma}+\varphi}{\varphi+\sigma}\alpha^2 E[Var_i(p_{it} - p_t)]$。下边我们所做的工作就是探讨什么样的货币政策可以使得这个式子最小化。

（四）粘性信息框架下最优货币政策分析

因为粘性信息理论假设在每一时期，有 λ 比例的家户更新自己的信息集，那么我们可以推出从第 0 期到第 k 期更新过自己信息集的人的比例为：$\lambda\sum_{i=0}^{k}(1-\lambda)^i$。如果我们用符号 Λ^k 表示这一比例，那么我们可以得出：$\Lambda^k = \lambda\sum_{i=0}^{k}(1-\lambda)^i$。

曼昆、瑞斯和 Ball 证明出在粘性信息模型框架下，$Var_i(p_{it}-p_t)$ 可以表示为：

$$Var_i(p_{it}-p_t) = \sum_{j=1}^{\infty}\rho_j[p_t - E_{i-j}(p_t)]^2 \qquad (5-15)$$

其中，$\rho_j = \frac{\lambda(1-\lambda)^j}{[1-(1-\lambda)^j][1-(1-\lambda)^{j+1}]}$

综合粘性信息理论下对 $Var_i(p_{it}-p_t)$ 的推导，我们可以得出损失函数在粘性信息理论下为：

$$-Var\ (y\,t-p_n)\ -\frac{\frac{1}{\gamma}+\varphi}{\varphi+\sigma}\alpha^2E[\sum_{j=1}^{\infty}\rho_j[p_t-E_{i-j}(p_t)]^2]\quad(5-16)$$

损失函数中有产出和价格，现在我们的目标就是在粘性信息菲利普斯曲线规定的产出和价格的动态关系框架下，分析什么样的货币政策使损失函数达到最小。

我们的粘性信息下的菲利普斯曲线前边已经推导过：

$$p_t=\lambda\sum_{i=0}^{k}\ (1-\lambda)^iE_{i-j}\ (p_j+\alpha y_t-\alpha y_n)$$

$$\pi=\frac{\alpha\lambda}{1-\lambda}\ (y_t-y_n)\ +\lambda\sum_{i=0}^{k}\ (1-\lambda)^iE_{i-1-j}\ (\pi_i+\alpha\Delta y_t-\alpha\Delta y_n)\ \text{（约束条件）}$$

我们就要在粘性菲利普斯曲线的约束下求出损失函数的最小值。粘性信息菲利普斯曲线的形式使我们不能用一般构造拉格朗日乘数的方法求最小值，因为约束条件中含有期望，期望的值会随着价格和产出的变化而变化。

在这个问题中，我们可以证明出任何一条确定性的价格路径都是最优解，即：$E_{i-1}\ (p_i)\ =\overline{p_i}$，其中$\overline{p_i}$表示在 t 时期确定的价格水平或者价格路径，这就意味着价格的变化发展方向是透明的，是人人都可以获取的信息，如果事实如此的话，那么信息传播的滞后性质已经没有任何影响了，因为价格水平是确定的，价格水平变动的路径是确定的。家户不会由于自己未能根据最新的经济形势更新信息而对产量或价格做出错误判断，经济处于最优状态。

三、理性疏忽与粘性信息条件下中国货币政策的选择

很多学者认为中国真正开始引入货币规则是在 1984 年人民银行专门行使中央银行职责之后，在这之前，高度集中的计划经济体制以及与之匹配的高度集中的银行管理体制，使得银行并无资金分配的实质权利，国家制定生产计划，国家财政注入资金，财政计划基本上就是货币政策。20 世纪 90 年代初期，央行实行了适度从紧的货币政策，并适当调整了信贷结构，即实行“紧中有活”的货币政策，对农业贷款以及有活力的国有企业贷款有所松动，以支持产业结构调整。1992 年是我国货币政策转型明显的一年，我国的货币政策从盯住信贷资金规模转向盯住基础货币，并综合运用

利率、贴现率等工具调控经济，调控转向间接调控，央行更多使用市场化手段并加以局部窗口指导的方式实施货币政策。

我国货币政策究竟是相机抉择，逆经济风向行事，还是遵循某种规则。很多学者认为我国的货币政策还处于相机抉择阶段，在经济过热的时候货币当局会采取加息，票据回购，信贷指导等从紧的货币政策；反之在经济有衰退迹象的时候，则执行宽松的货币政策。李卓然（2006）认为检验的结果具有不稳定性，泰勒规则不适于解释中国货币政策；杨英杰（2002）认为麦卡勒姆规则和泰勒规则不能为我国货币政策提供很好的参考尺度。同时我们也很难说中国的货币政策遵循通货膨胀目标制的规则，因为我国在货币政策的执行过程中，更多地还是关注基础货币，M1 和 M2 货币净投放量以及新增贷款量等总量指标，通过对总量指标的调控来影响价格指标。

在公众中存在理性疏忽以及政府实施货币政策存在偏差的情况下，价格目标制是帮助政府走出政策困境的选择。在价格目标制下，一旦经济受到冲击，价格和产出不可避免地会变动，由于在价格目标制有修正人们预期的效果，这种影响会在未来消失。在人们预期不断修正的过程中，产出效应使 $Var(y_t - y_n)$ 为零，相对价格效应使 $Var_i(p_{it} - p_t)$ 为零，即 $\sum_{j=1}^{\infty} \rho_j [p_t - E_{t-j}(p_t)^2]$ 为零，这样也就是使损失函数达到最小值。相反，在通货膨胀目标制下，由于当局不会关注冲击对基期价格水平的影响，这会使价格水平在以后期间不会重新回到原路径上去，不会恢复到零。这也从实践角度印证了价格目标制的优势。

我国的货币政策操作应该逐渐走到规则的路径上来，减少行政干预和人为判定对货币政策的影响。根据粘性信息的模型下推导出来的公式，要使得个体效用最大化，就是要让公众建立起对价格水平的稳定预期，相机抉择的货币政策不利于建立公众预期，且实践也证明人们的理性预期会削弱相机抉择货币政策的力度。在信息粘性的情况下，根据对中国现实的实证研究表明，政府改变货币政策到公众完全反应过来需要将近两个季度的时间，在这期间，还会有人按照未更新信息时的状态定价，这样肯定会造成经济的扭曲。规则的货币政策也可以更好地约束银行行为，更有利于避免通货膨胀冲动。鉴于我国还没有完善的价格监测体系，我国目前还不宜急于引入价格目标制。鉴于价格指标在货币政策实施中的诸多优势，我国应逐步健全价格体系，使货币政策逐步摆脱对总量指标的依赖。虽然控制基础货币总量比较容易，但我国的货币需求具有不稳定性，且央行在控制货币供给方面也会由于一些干扰因素而力不从心，同时货币供应量的变化也严重干扰着公众预期这些都使得货币政策具有不可预期性。

在公众更多地关注通货膨胀率的情况下，继续以总量指标来调控通货膨胀率可以作为政策目标。不可否认的是，我国的价格水平变动和货币供给量大体呈正相关关系，央行可以保持某种通货膨胀率为目标调控基础货币数量，进而调控各层次的货币数量。且就我国目前的情况看，抑制商品市场的通货膨胀以及防止资本市场泡沫扩大仍是一项艰巨的任务，时刻监控价格水平的变动，及时对此做出反应也有利于任务的完成。虽然通货膨胀目标制度在理论和实践方面有着种种缺陷，但是不能完全放弃对通货膨胀率的关注。央行应该在控制总量指标的同时更多关注价格路径，建立公众对价格水平的稳定预期，这样我国也可以在没有实行通货膨胀目标制的情况下，让价格水平相对稳定。

要最终完成从对总量指标的控制到对通货膨胀水平的控制，进而到实现真正的价格目标制，这其中需要过渡，平均通货膨胀目标制度是一条可以选择的路径。平均通货膨胀制可以看作是对通货膨胀目标制和价格目标制的融合。在这种货币规则下，政府也要对通货膨胀率制定一个目标，如果某一年实际通货膨胀率低于目标，那么在接下来的一年中政府就要使通胀率高于设定的目标。政府可以根据形势的变化改变设定的目标，当政策目标没有发生变动的时候，平均通货膨胀制就是价格目标制，且能得到价格目标制下所获得的益处，比如平均通货膨胀制也具有自我调节和避免动态不一致的性质。这种目标制既会对政府的行为产生足够的约束，又能让政府有充分的操作空间。

评价货币政策时，通常要衡量货币政策的相关性、可控性和可测性。首先，从相关性角度来看，我国货币政策的最终目标是保持物价稳定，毫无疑问，价格水平目标制满足相关性要求，价格水平目标制可以使价格回到固定路径，与我国货币政策的最终目标联系紧密。其次，从可控性角度来看，不论是在实体经济价格还是资产的价格方面，央行都有较强的控制价格水平的能力。人民银行不仅可以实施存款准备金率、再贴现率和公开市场业务的传统货币政策方法，还可以通过管理信贷资金的办法，控制信贷规模及流向，从而起到控制价格水平及货币供给量的作用。最后，从可测性角度来看，价格水平的信息可以较容易的被央行获取及掌握。实施该货币政策时，央行会关注货币政策透明度，且为了引导公众对经济的预期，提高央行的公信力，需要使公众了解中央银行制定的价格水平路径。

中央银行应该保障较高的货币政策透明度，及时向社会大众公布相关信息。对于透明度的定义，国际货币基金组织在《货币金融政策透明度最佳作法准则（试行）》（1999）中是这样解释的："透明度是指一种环境，在这种环境下，有关政策目标及其法律、制度、经济框架，机构的职责范围以及政策决策和决策逻辑和关于货币政策的其他信息以社会大众能够理解的方式及时公布"。

保持货币政策公开透明有利于价格水平目标制的实施。首先，货币政策透明度有利于社会大众建立正确的价格水平预期。如果货币政策透明度很低，则会导致央行和公众之间的信息不对称，公众不能对价格水平作出正确的预期。其次，货币政策透明度可以保障央行具有独立性。提高货币政策透明度使得公众知道政府对央行究竟采取了哪些干预，从而可以限制政府通过某些政治运作干预央行的货币政策，从而提高央行的独立性，保证价格水平目标制下货币政策目标得以实现。第三，透明度有利于提高央行承诺的可信性。较高的货币政策透明度意味着公众可以更好地监督央行货币政策的实施情况及是否存在背离行为。如果货币政策透明度低，公众无法判断目标的偏离是由央行的背离行为引起的，还是由其他外部冲击引起的，就会早成功中对央行可信度的怀疑。而在价格水平目标制下，央行承诺的可信性是非常重要的，在经济出现衰退的情况下，央行承诺有利于公众提高通货膨胀预期；同样，在出现严重通货膨胀的境况下，可信的价格水平目标制不仅可以降低公众对通货膨胀的预期，还可以降低未来价格的不确定性。因此，货币政策透明度是我国实施价格水平目标制的重要前提，为了保障货币政策公开透明，央行应该定期向社会大众公布相关的货币政策报告，就这一时间段的货币政策进行详细记述，接受社会大众的监督。

不论央行实施通货膨胀目标制还是价格水平目标制，都需要央行具有较强的统计、分析和预测能力。价格水平目标制需要寻找一条确定性的价格路径，因此要求中国人民银行对价格水平应该可以进行有效地控制，并且要求中国人民银行对经济预测具有较高的准确性。中央银行通过统计分析经济数据、经济指标来预测未来的经济形势，包括通货膨胀、价格水平等，有助于央行借助预测信息制定货币政策、了解货币政策是否有效执行。

参考文献

[1] Milton Friedman, Anna J Schwartz, Money, Business Cycles。University of Chicago and National Bureau of Economic Research: Vol 45, No. 1, Part 2, Supplement, Feb. 1963.

[2] Milton Friedman. 论货币．世界经济译丛，1981（5）：29.

[3] N. Gregory Mankiw, Ricardo Reis. Sticky Information versus Sticky Prices: A Proposal to Replace the New Keynesian Phillips Curve. The Quarterly Journal of Economics: Vol. 117, No. 4, Nov. 2002.

[4] Robert J. Barro, Recent Developments in the Theory of Rules Versus Discretion. The Economic Journal: Vol 96, Supplement: Conference Papers (1986) P23 – 37.

[5] Robert J. Barro, David B Gordon, A Positive Theory of Monetary Policy in a Natural Rate Model. University of Chicago and National Bureau of Economic Research: Vol91, No. 4, (Aug 1983) P589 – 610.

[6] Bennett T McCallum. Monetarist Rules in the Light of Recent Experience, the American Economic Review, Vol74, No. 2, Papers and Proceedings of the 96th Annual Meeting of the American Economic Association (May 1984) P388 – 391.

[7] John B. Taylor. Macroeconomic Policy in a World Economy: From Economic Design to Practical Operation. W. W. Norton&Company, New York London HD87. T39 1993339. 5—dc20.

[8] Lars E. O. Svensson. What is Wrong with Taylor's Rules? Using Judgment in Monetary Policy through Targeting Rules. Journal of Economic Literature. Vol41, No. 2 (Jun 2003) P426 – 477.

[9] Ben S. Bernanke, Federic S. Mishkin. Inflation Targeting: a New Framework for Monetary Policy? the Journal of Economic Perspectives, Vol11 No. 2 (Spring 1997) P97 – 116.

[10] Reis, Ricardo. Inattentive Producers. Review of Economic Studies, 73: 3, 793 – 821, 2006.

[11] Mankiw, N. G, R. Reis. Sticky Information Versus Sticky Prices: A Proposal toReplace the New Keynesian Phillips Curve. Quarterly Journal of Economics. Forthcoming, 2001a.

[12] Laurence Ball. Aggregate Demand and Long – Run Unemployment. Brookings Papers on Economic Activity. Vol1999, No. 2 (1999), P189 – 251.

[13] Nicoletta Batini, Anthony Yates. Hybrid inflation and price level targeting. Journal of Money, Credit and Banking, Vol35, (Jun 2003) P283 – 300.

[14] Lars E. O. Svensson. Price Level Targeting versus Inflation Targeting: a Free Lunch. Journal of Money, Credit and Banking, Vol31, NO. 3, Part 1 (Aug 1999).

[15] Dittmar et al. Inflation Persistence and Flexible Prices. Institute of Social and Economic Research, Vol46, No1, (Feb 1999).

[16] Lars E. O. Svensson. The First Year of the Eurosystem: Inflation Targeting or Not? . The American Economic Review. Vol90, No2, Paper and Proceedings of the One Hundred and Twelfth Annual Meeting of the American Economic Association (May 2000).

[17] Claes Berg, Lars Jonung. Pioneering Price Level Targeting: The Swedish Experience 1931 – 1937. Journals of Monetary Economics, 1998.

[18] Kent Matthews, Philip Booth. Issues in Monetary PolicyThe Relationship between Money and the Financial Markets. John Wiley&Sons, Ltd.

[19] Robert J, Gordon J. The Boskin Commission Report: A Retrospective One Decade Later. Northwestern University and National Bureau of Economic Research. Spring 2006.

[20] Michael Woodford. The Zero Bound on Interest Rates and Optimal Monetary Policy. Brookings Papers on Economic Activity, Vol 2003, No. 1.

[21] Peter N. Ireland. Alternative Nominal Anchors. The Canadian Journal of Economics, Vol31, No. 2 (May 1998).

[22] Cutler, Johnson. When is Price Level Targeting a Good Idea? (2001).

[23] 谢平，刘斌．货币政策规则研究的新进展，金融研究，2004 年第 2 期.

[24] 刘斌．最优货币政策规则的选择及在我国的应用，经济研究，2003 年第 9 期.

[25] 刘越飞．我国货币政策中利率规则分析，财经理论与实践 2004 年.

[26] 袁靖．新凯恩斯主义框架下最优货币政策规则理论及在我国的实证研究，首都经济贸易大学学报，2007 年第 2 期.

[27] 柳永明．通货膨胀目标制度的理论与实践：十年回顾，世界经济，2002 年第 1 期.

[28] 王朝军．论通货膨胀目标制在我国的可行性，财经问题研究，2003 年第 8 期.

[29] 谢平，罗雄．泰勒规则及其在中国货币政策中的检验，经济研究，2002 年第 3 期.

[30] 杨英杰．麦卡勒姆规则在我国货币政策中的应用与启示，经济研究，2002 年.

[31] 刘斌．最优货币政策规则的选择及在我国的应用，经济研究，2003 年第 9 期.

[32] 蔡跃洲，吉昱华. 规则行事泰勒规则及其在中国的适用性，经济评论，2004 年第 2 期.
[33] 齐援军. 我国宏观经济政策特点，经济研究参考，2008 年第 13 期.
[34] 于泽. 理性非注意、粘性信息和最优货币政策，中国人民大学出版社，2009 年.

第六章　中国东、中、西部地区经济周期的差异性研究[①]

一、引言

地区经济发展不平衡已经成为影响我国区域经济发展的一大焦点问题。随着不同地区经济差异的不断拉大，必然会导致东、中、西部地区在就业人口、投资、出口、经济体制等方面体现出不同的态势，进而导致东、中、西部地区的经济增长和经济波动出现差异，导致那些具有地区针对性的宏观经济政策的有效性更加显著。而目前我国实行“一刀切”的统一宏观经济政策，不可能适用于所有地区，从而使部分地区产生适得其反的效果。因此，地区经济波动差异化问题是一个不容忽视的问题。

关于区域经济波动，现有文献主要从两方面进行研究：一是寻找区域经济波动的特征；二是比较不同区域间经济周期以及区域与整体经济周期是否同步。库帕瑞特萨斯（Kouparitsas，2006）对美国第七联邦储备区的五个州经济波动进行了分析，得到该五个州的波动特征存在较大差距的结论；于立、于左（2009）通过辽宁个案与全国经济波动的比较，对我国经济周期波动进行分析，认为在经济低谷时期，复苏需要大力度的政策投入；陈维云、夏绍模（2005）利用 ARCH 模型分析了重庆市中观经济波动的相关特征，并将其与我国总体 GDP 波动进行了比较，认为重庆市中观经济波动也具有对称性，具有较高持续性，而与全国宏观情况不同的是，重庆市中观经济波动具备自我稳定机制，外部冲击会加剧重庆经济系统的波动；陈乐一（2001）认为经济体制改革对于湖南经济波动特征所产生的重大影响；孙天琦（2006）则分析了 1953—2004 年我国各省份与全国整体经济景气的同步性，认为我国绝大部分省份与全国整体经济同步，一年以

① 本章核心内容发表于 2012 年第 9 期《经济与管理研究》，并被中国人民大学复印报刊资料《区域与城市经济》2012 年第 12 期转载。

上的滞后并不存在；丁纪岗（2006）通过对我国东北、东南、中部、西部50多年来周期波的定量分析，认为90年代之前，中西部地区经济波动一直领先于东部地区，波动存在先行性，而在此之后，东部地区经济波动转变为先于中西部地区。

关于我国区域经济周期性波动的现有研究，多为省际经济周期与全国经济周期的同步性比较，而少有着眼于我国东中西三大区域划分的研究，多数文献只是笼统地把我国分为东部沿海地区和西部内陆地区，从各地区中挑选相应具有代表性的省市进行研究。本文依照国家政策的差异，从东部、中部、西部三大区域的角度，分析三者经济周期波动的差异性。基于上述分析，本文接下来包括以下几个部分：第一部分为不同区域之间GDP增长率的周期波动的历史分析，第二部分为东部、中部、西部地区经济波动的实证研究，第三部分为结论。

二、不同地区GDP增长率波动的历史情景与比较分析

根据我国国家发展改革委员会的解释，目前我国东、中、西部的划分，是政策上的划分，而不是行政或地理概念上的划分，东部地区包括11个省级行政区，分别是北京、天津、河北、辽宁、上海、江苏、浙江、福建、山东、广东、海南；中部地区包括8个省级行政区，分别是黑龙江、吉林、山西、安徽、江西、河南、湖北、湖南；西部地区包括12个省级行政区，分别是四川、重庆、贵州、云南、西藏、陕西、甘肃、青海、宁夏、新疆、广西、内蒙古；另外，国家还把湖南的湘西地区、湖北的鄂西地区、吉林的延边地区也划为西部地区，享受西部大开发的优惠政策。

本文采用各省份GDP的年度数据，根据上述东部、中部、西部地区的划分，对各省份数据进行加总得到东、中、西三区域的GDP数据，再得出各区域生产总值的年度增长率，并与全国GDP的年度增长率相互比较，并按照波谷-波谷的方法对其进行划分。结果如表6-1所示。

从表6-1可以看出，改革开放以后，东部、中部和西部地区与全国经济一样经历了四个经济周期。

第一个经济周期，全国在1981—1986年，东部地区与西部地区与全国相同，中部地区稍稍延后。其中，增长率1981—1985年为上升期，为期4

年，中部地区上升期少一年；回落时期为1年。在1981年谷位，波谷最低为西部地区的增长率6.9%，其次是东部地区与全国地区相同波动的谷位为9.3%。1985年峰位的波动幅度状况，东部地区增长率最高，为22%，波动系数为1.53，峰位最低为西部地区18.8%。这一时期正是改革开放之初，我国政府采取了积极的货币政策，加大了货币供给量。在政策和外资的双重推动下，东部地区经济发展速度明显加快，处于波峰的最高增长率已高于全国增长率1.3个百分点，高于最低的西部地区3.2个百分点。1985年，为了抑制高通货膨胀率，出台了“双紧”的调控政策，压缩基础建设，控制贷款和资产规模。由于对外商投资的严格控制，东部地区经济受到巨大影响，而西部地区由于工业不发达，所受影响有限，经济增长率下降幅度没有东部和中部大。总体来说，这一时期内，中西部波谷较浅、波峰较低，波动比较缓和；东部相对波峰高，对“双紧”政策敏感，降速度快，波动幅度较大。

表6－1　我国东、中、西部地区经济周期的比较

历时 地区	第一个周期	第二个周期	第三个周期	第四个周期
全国	1981—1986	1986—1990	1990—1999	1999—2009
东部地区	1981—1986	1986—1990	1990—1999	1999—2009
中部地区	1981—1986	1986—1991	1991—1999	1999—2009
西部地区	1981—1986	1986—1989	1989—1999	1999—2009

数据根据《新中国六十年统计资料汇编》1987～2009数据的GDP数据计算得到。

第二次经济周期波动都开始于1986年，结束期却各有不同，东部地区经济周期和全国周期同步结束于1990年；西部地区经济周期先于东部结束于1989年；而中部地区却延后一年结束于1991年。其中，在上升期中，东中西部地区具有同步性，都于1988年到达峰值，历时2年。东部地区峰值最高，GDP增长率达到28.3%，西部地区峰值为26.4%与全国的周期峰值相同，中部地区峰值最低，为23.2%。这个周期的增长率回落结束期都各不相同，东中西部地区经济都从1988年开始回落，东部地区的回落于1990年与全国同步结束，西部地区提前一年，中部地区则延后一年。此时波谷位置最低的是中部地区，为10.4%。波动系数为2.75。这一阶段我国整体经济周期波动特点是，经济高位运行，波峰较高，波谷较浅，波动较为缓和。1989 年前我国东部、中部、西部地区的经济波动具有很好同步性，东部地区更是在政策偏向的情况下，在波峰位置独占鳌头。1988 年和 1989 年相继出现了 18.9% 和 17.8% 的高通货膨胀率，政府再次采用双紧缩的宏观经济政策，使通货膨胀率从 18.8% 降到了 3.1%，经济增长率也从 11.3% 跌到了 3.8%，经济只能“硬着陆”。这次双紧政策对东中部地区影响较大，但西部地区由于自身经济项目少，货币政策的效果有限。

第三个经济周期波动都结束于 1999 年，起始点却不尽相同。东部地区与全国同步于 1990 年，历时 9 年；中部地区延后一年，历时 8 年；而西部地区却提早一年，历时 10 年。西部地区由于自身经济项目少，受到双紧缩政策影响有限，首先开始复苏。东部地区在 1990 年央行下调存贷款利率并且扩大货币供给和信贷规模后，经济成功开始上行。而中部地区仍处于紧缩政策的经济低迷之中，直到 1991 年才开始恢复。东部地区于 1993 年首先到达峰值 35.9%，西中部地区 GDP 增长率落后于全国 GDP 上升，几乎与全国 GDP 增长率同步到达峰值。西部为 29.9%，中部为 30.4%；都略低于全国 GDP 增长率 32.5% 的峰值。1993 年，为缓和通货膨胀压力，国家又采取了急刹车的措施。到 1994 年上半年，GDP 增长率下降一个百分点，而通货膨胀率达到 24.1%。国家采取更严厉的措施，甚至对部分产品直接进行价格管制。从 1995 年到 1997 年，采用了与以往不同的“软着陆”调节经济方式，整个经济步入适度快速平稳发展轨道。1998 年上半年爆发的东南亚金融危机对我国的影响巨大，各地区经济在 1999 年达到萧条谷底。在东、中、西部中，谷位最低的是中部地区 5.4%，最高为东部地区 7.7%。但中西部与全国的差距，没有前几个周期那样巨大。这轮经济周期，与前两轮比，历时较长，波动幅度较大。东中西部上半个周期同步性相差较大，在 1996 年时得到了很大改善。

第四个经济周期，我国东中西部地区与全国统一，都是 1999－2009 年。但这次周期没有明显峰值，经济增长平稳。1998 年，面对东南亚金融危机与一系列国内问题，我国政府采取了扩张性的积极财政政策，增发国债用于基础设施，使各地区经济顺利复苏。到 2004 年，全国东中西三个区域 GDP 增长率都同时上升至第一个顶点。同年，中央为有效控制投资过热、盲目扩张的势头，加大宏观调控的力度，经济增长率出现短期下滑。

全国经济进入了一个高增长、低通胀发展期。虽然对经济的控制使得东中西部地区经济增长率略有下降，但由于适度的政策，并没有让东中西部经济出现大的波动。2005 年在双稳健政策影响下，GDP 增长率从 15.7% 转头向上增长。而东中部地区与全国同步分别于 16.7% 和 16.1% 掉头向上继续增长。于 2007 年东部地区与全国同步到达第二个顶点，18.9%，而中西部地区 GDP 增长率当年仍然保持上升势头，于 2008 年到达第二个顶点，分别为 21.7% 和 20.9%。随后，我国将货币政策从年初的“从紧”，调到“灵活审慎”，再到“适度宽松”，有效地确保了银行体系流动性，保证了合理信贷增长，并为应对金融危机奠定了基础。所以，2008 年金融危机虽使得我国整体经济跟着全球形势向下时，仍没有突破历史纪录。波谷最低为东部地区 5.5%，最高为西部地区为 14.2%。

第五次经济周期波动，从 2009 年至今。目前经济处于逐步上升期。2009 年，央行采取了适度宽松的货币政策。在对金融机构控制风险引导的前提下，加大了支持经济发展的力度，适度适时进行公开市场业务，保持银行体系流动性，营造出了更宽松的货币金融环境，在扩张财政政策的配合下，我国经济逐步复苏。2010 年至今，我国仍旧持续了积极的财政政策：大力促进农村改革与发展，进一步深化了税制改革，更加注重结构调整和发展方式转变。这一系列政策，更加有助于中西部地区的发展。

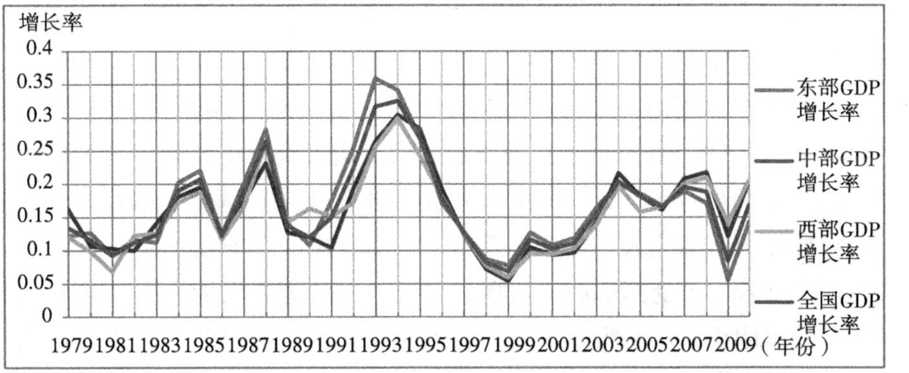

图 6-1　我国东中西部 GDP 增长率与全国 GDP 增长率比较

数据来源：1987~2009 数据《新中国六十年统计资料汇编》，2010 年数据来源于《中国统计年鉴》

三、东、中、西部地区经济波动的实证分析

为寻找我国东、中、西部地区经济周期不同的深层次原因，本文将利用实证分析方法进行深入分析。设生产函数为：$Y = AL^{\alpha}K^{\beta}\mu$，其中，Y 表示的是产出量，即实际产出；A 表示技术；L 表示的是劳动投入；K 表示资本投入。α、β 分别表示劳动投入产出弹性和资本投入产出弹性，μ 为随机干扰项。

（一）模型修正

模型中的变量劳动投入和资本投入，我们分别选取了各地区就业人数和固定资产作为指标代入。如只这样简单带入，会出现一些不符实际，与现实脱节的问题，所以，需要对以下变量进行改进。

1. 劳动投入变量改进

在前面我们建立的模型中，L 代表着劳动，一般是指劳动时间存量，即国外模型一般引用工作小时数，但是由于中国现有的各种统计年鉴并不对工时数进行统计，考虑到数据的可获得性，国内已统计数据指标中，只有就业人数是体现劳动投入的指标。国内学者普遍采用就业人数这一指标。

由于文化水平的差异，相同数量的劳动投入在生产过程中的效率是明显不同的。比如，一个具有大学文化水平的劳动者对产出的贡献率也许是一个具有中学文化水平的劳动者的好几倍。根据考瑞斯马和米斯拉等（Cuaresma and Mishra，2008）的观点，人力资本是使得各国家地区间周期同步的一个重要因素，我们利用人力资本概念来修正模型，用人力资本投入替换原先的劳动投入是十分必要的。人力资本又称非物力资本，它的定义是：劳动者由于受到培训、教育、实践、保健等方面的投资，从而获得了知识和技能积累，并为其该劳动者带来相应的工资等收益，因而形成了一种特定的资本。

以上述定义为依据，尽最大可能地利用现有统计数据对人力资本投入进行的衡量。引进一个能够较为全面的体现人力资本投入的指标，记为 HC，其表达式如下：

$$HC = LQ = LEA$$

其中，HC 表示人力资本投入量；L 表示该地区劳动者人数；Q 表示该地区单位劳动者质量系数；E 表示该地区劳动者受教育程度系数；A 为该地区人口预期寿命系数。

根据人力资本的内涵并且尽可能多的利用可得的统计数据资料，对人力资本的估计中尽可能多得包括人力资本定义中的内容，我们可以将影响人力资本的因素归为三点，即某地区一定时间内劳动人数、这些劳动者的受教育程度和健康状况。由于虽然我们知道寿命对劳动者的劳动存在影响，这种影响难以量化，并且各地区人口年龄数据难以确定，所以在此我们忽略寿命系数。某地区一定时间内的劳动者人数 L 用《新中国六十年统计资料汇编》中各省份就业人数来表示。劳动者受教育程度系数 E 参考《中国劳动统计年鉴》和《中国人口与就业统计年鉴》中，各地区从业人口中大专以上文化程度、高中文化程度、初中文化程度、小学文化程度所占百分比率，再结合我国实际，选取各个教育程度的相应系数。通过对各个教育程度从业者教育经费支出的考查，发现他们大体满足如下的关系式：

大专以上学生平均教育支出:高中生平均教育支出:初中生平均教育支出:小学生平均教育支出 =22:4:1.7:1

接下来，我们根据各个教育水平支出比来替代这几个教育水平劳动者的产出比，对不同受教育水平劳动人数赋予不同权重进行加权，即：

各地按受教育加权的就业人数 = 22 × 大专以上文化水平就业人数 + 4 × 高中文化水平就业人数 + 1.7 × 初中文化水平就业人数 + 小学及以下文化水平就业人数

其中，某地区各个文化水平就业人数通过就业人员受教育程度构成百分比与该地区就业人数的乘积估计得到。虽然各省市就业人员受教育程度构成也存在波动，但因为能够利用的比较连续的时间序列数据只有 2002—2009 年的数据，再加上存在严重的数据缺失，无法对该波动进行引入，因此本文采用估算法。首现，根据 2002—2009 年的数据分别对我国全国 31 个省份的就业人员文化水平百分进行估计；其次，根据各省份数据和上述加权公式，对各省份就业人数进行加权；最终，区分地区进行合并，得到我国东中西部区域的教育加权就业人数，作为人力资本投入变量，对原先的劳动资本投入变量做出调整。

从就业人员总量上看，东部地区在迅猛发展的经济支撑下，使得就业人数持续稳定上涨。从中西部地区的变化趋势来看，大部分年份在增长，但增长速度明显比东部地区慢，中部地区人力资本增长高于西部。尤其是2000年以后，东部地区人力资本增长率明显快于中西部。这说明，中西部地区仍旧缺乏人才投入。虽然从1999年起，我国就已实施了“西部大开发战略”，但投入更多的是财政支持，并没有给劳动者就业更多的政策指引。

通过对教育数据的观察，发现我国东中西部地区有很大差异，中西部地区人员受教育程度，明显低于东部地区。东部地区人口平均受教育年限也高于中西部地区。我国平均受教育年限为8年，但直到2008年，西部地区平均受教育年限才7.67年。以2009年为例，分析我国东中西部地区从业人员受教育程度差异，当年西部地区小学以下文化水平的在职人员高达48.5%，远远高于中部地区的27.9%，与东部地区的24.1%相比高出一倍多。东部地区大专以上文化水平的就业者占整体的12%，远高于中部地区的6.8%和西部地区的6.2%。东部地区高中文化水平的就业者占地区就业人员总数的16.4%，高于中部地区的13.7%和西部地区的8.3%；东部地区初中文化的就业人员占总就业人数的47.5%，中部地区占51.5%，西部地区占36.9%。由此可见，从2009年的情况来看，西部地区就业人员中，文盲和小学教育程度的人员占到很大比重，而高中和高中以上学历的从业者只占到很小的一部分，只有总数的14.5%。而中部地区，从业者受教育情况相对西部地区要好些，但没有很大优势。大部分从业者都只有初中文化水平，高中以上文化水平仅占到中部地区总体值的20.5%。东部地区无论从就业总数上，还是从专业化的人力资本存量上都占绝对优势。这说明我国中西部地区劳动力的质量与东部相比还较低，基础劳动力资本比重过大，缺乏高素质专业化人才。

2. 资本投入变量改进

如前文所示，我们将利用柯布—道格拉斯的C-D生产函数与经济波动的关系进行实证检验。C-D生产公式中的资本投入量，大多学者都将资本存量作为资本投入的度量指标。因此接下来，我们分别对全国及东中西部地区1978年至2009年的资本存量进行估算。

资本存量是指经济社会在某一时间点上的资本总量，是该时点上所积存的实物资本，反映在该时点上人们实际掌握的物质生产手段。从我国统计年鉴上可以找到资本形成总额指标，从概念上讲，资本形成总额与资本存量并无差异，但我国统计年鉴中所提供的“资本形成总额”可被视为忽略折旧的投资指标经过计算而得，因此我们需对它进行修正估计。目前国内学术界采用的修正方法大都是基于戈德史密斯（Goldsmith）于1951年提出的永续盘存法（PIM），这种方法是采用相对效率几何递减模型：

$$K_{t+1} = (1 - \delta)K_t + I_{t+1}$$

其中，t 表示年份，K_{t+1} 和 K_t 分别表示某地区第 $t+1$ 年和第 t 年的实际资本存量，δ 表示资本存量的折旧率，I_{t+1} 表示的是该地区 $t+1$ 年的投资数额。我们选取上文提到的资本形成总额作为资本存量。

关于 δ 的取值，有许多学者已经针对该问题进行了探讨。王金营（2001）根据《第三产业统计概论》所附的固定资产折旧年限表并对照其他有关文献，近似地估计如下我国内地固定资产不同时期的折旧率：1952—1977年，固定资产折旧率为3%；1978—1990年，为5%；1991—1998年，为5.5%。本文采用国家统计局公布的1990—2010年《中国统计年鉴》中的地区全民所有制企业固定资产基本折旧率和年固定资产折旧的指标数据，以及《中国财政年鉴1999》中国有工业生产企业固定资产折旧率的指标数据对资本投入量进行修正。由于省份折旧数据缺失严重，不再做省份地区的区分。

（二）模型估计

根据前面的论述，我们得到修正后的C－D函数的计量模型为：

$$Y = A(HC)^{\alpha}K^{\beta}\mu$$

对C－D生产模型两边对数化，使它变形为线性模型，得到：

$$\ln Y = \ln A + \alpha\ln(HC) + \beta\ln K + \ln\mu$$

利用最小二乘估计法对上等式进行估计，利用Eviews进行计算得到结果如下：

东部地区：$\ln EGDP = -33879.18 + 0.528\ln(EHC) + 0.999\ln(EK)$

$(-3.397)\qquad(24.669)\qquad(3.963)$

其中，EGDP代表东部地区GDP，EHC为东部地区修正后劳动投入，EK为东部地区修正后资本投入。以上方程结果，$R^2 = 0.992$，说明拟合效

果良好

$$中部地区:\ln MGDP = -22526.78 + 0.523\ln(MHC) + 0.783\ln(MK)$$
$$(-5.660) \quad (24.833) \quad (6.979)$$

其中，MGDP 代表中部地区 GDP，MHC 为中部地区修正后劳动投入，MK 为中部地区修正后资本投入。以上方程结果，$R^2=0.985$，说明拟合效果良好。

$$西部地区:\ln WGDP = -14583.38 + 0.425\ln(WHC) + 0.751\ln(WK)$$
$$(-5.699) \quad (34.447) \quad (7.051)$$

其中，WGDP 代表西部地区 GDP，WHC 为西部地区修正后劳动投入，WK 为西部地区修正后资本投入。以上方程结果，$R^2=0.991$，说明拟合效果良好。

观察上文估计结果，我国东中西部地区其参数 $\alpha+\beta$ 均大于1，说明东中西部地区都存在着规模报酬递增。所以，无论是全国还是东中西部地区，扩大经济规模都有利于经济增长。

（三）计量结果比较分析

我们利用实证方法分别对东中西部经济波动做出了分析，经过对结果的比较可以了解到，东部地区的资本边际贡献远高于中部和西部地区，说明我国东部地区经济的增长有很大部分来源于资本的贡献。同时，东部地区的人力资本边际与中部地区相似，却远高于西部地区。人力资本贡献率的提高可以提高经济的增长水平，以下分别做出详细论述。

实证检验说明，东部地区资本的弹性系数 0.999 显著高于中部地区的 0.783 和西部地区的 0.751。结果说明，在经济周期中经济的上升离不开资本的贡献。东部地区的资本弹性系数显著高于中西部，说明相较于中西部地区，东部地区拥有相对多的资本密集型产业。也就是说，东部地区企业发展比较容易找到资金支持。在有资金支持的情况下企业可以购买先进技术或者利用现有资金做技术研发，使得自身生产力水平得到提高，从而促进该地区的经济增长。而经济的高速上升，会带来吸纳效应，不断地把其他地区甚至国外市场的资本、技术、信息、人才和物质资源等生产要素吸纳到本地区来，使经济进一步增长，形成良性循环。不过，资本对经济周期波动稳定的贡献并不大，由于吸纳作用，资本的增多会引来更多的热钱，容易导致经济过热引起通货膨胀。另外，上述经济周期分析中可以看出，在第一个和第二个周期中，政府采用“急刹车”的方法抑制投资，从而明显截断了东部地区的外资投资，从而减缓资本存量的增长，导致经济发展速度变慢。

从上文的实证检验中可以发现，东部地区人力资本的弹性系数0.528略高于中部地区的0.523，但显著高于西部地区的0.425。结果说明经济增长与人力资本是密不可分的，吸引更多人才有助于经济增长。增加人力资本存量不仅有利于提高经济的增长水平，也有助于减缓波动幅度。原因在于技术型和知识型的专业化人力资本可以带动物质要素的边际收益率上升，从而加速地区经济发展。另外，人力资本水平比较高的地区居民收入水平也较高，而较高的居民收入水平对平缓总需求的周期波动是十分有利的，从而使得经济波动幅度更为平缓。东部地区在1994年后，经济波动幅度变得逐渐平缓与当时人力资本水平的提高是密不可分的。毋庸置疑，人力资本投入的差异是导致我国东中西部经济波动差异的一个重要原因。

四、结论

根据前文的分析，我国的东中西部地区周期波动总体的差异表现为：第一和第二个周期东部地区波动幅度明显大于中西部地区，呈现高起低落，但与全国经济同步性最强；中西部地区呈现低起低落，并且滞后于全国经济。20世纪90年代后期，我国各地区同步性逐渐增强，不再有明显滞后，总体上说中西部地区波动中心上移，尤其是在衰退和萧条时期，下降幅度和速度都比东部地区平缓，但总体仍低于东部地区经济。2008年由于世界经济大萧条引起我国东中西部地区整体下滑，影响最小的却是西部，其次是中部，影响最大的为东部地区。呈现这种情况的原因可以归纳如下：

从劳动要素上说，东部地区劳动力的数量和质量都要远高于中部和西部地区，从前文的分析中我们也可以看出，东部地区劳动对经济的贡献率是最高的，大量高新技术人才的存在，为我国东部地区的发展提供了更大的可能性。而中西部地区缺乏人才，不如东部地区容易吸引到人才。资本投入方面，东部地区由于地处沿海地区，开放程度高；资本的数量上高于中西部地区。另外，东部地区由于市场机制发展和金融机制发展健全，传导机制良好，地区内经济体对各种经济指标反映灵敏。而且东部地区开放程度好，从另一个侧面说明东部市场与国际市场对接更紧密，受到国际经济影响程度更大。而中、西部地区，金融机制不完善，对各种指标反映不够灵敏，开放程度不大，受到国际市场影响较少。

另外，政府支出可以通过需求的变动引起数倍的地区 GDP 的变动。这是由于政府支出扩大总需求，而总需求扩大又有利于投资的增加而引起的乘数效益。而经济比较发达的东部地区政府财政政策的乘数效应要比中西部地区更大，这是由于相比之下东部地区开放程度高，市场发达，民间流动资金丰富，产业投资速度快。而中部地区开放程度不如东部，民间资本不如东部充沛，产业以工业实业为主，难以很快进行投资跟进。西部地区更是民间资本少，产业投资很难扩大。因此东部地区的乘数效应要比中西部地区有效。所以，若想获得同样的政策效果，中西部地区需要更多的资金投入。

参考文献

[1] Kouparitsas, Nakajima. *Are U. S. and Seventh District business cycles alike*? Economic Perspectives, 2006, (3): 45 - 60.

[2] 于立，于左．经济周期波动规律：国际比较视野的辽宁个案［J］．改革 2009（12）．

[3] 陈维云，夏绍模．重庆市中观经济波动特征分析［J］．重庆大学学报（自然科学版）．2005（4）．

[4] 陈乐一．湖南经济波动实证研究［J］．湖南大学学报（社会科学版）．2001（2）．

[5] 孙天琦．中国西部经济金融发展：实证分析与案例研究［M］．北京：中国金融出版社，2004，214.

[6] 丁纪岗．区域视野下的中国经济增长与波动［M］．北京：中国计划出版社，2006，123 - 126，214.

[7] Cuaresma, Jes'us Crespo, Tapas Mishra. *Human Capital, Age Structure and Growth Fluctuations*. University of Innsbruck Working Paper, 2008.

[8] Goldsmith, Raymond W. *A Perpetual Inventory of Nation Wealth*, 1951, http: //www. nber. org/chapters/c9716.

[9] 王金营．人力资本与经济增长理论与实证［M］．北京：中国财政经济出版社，2001.

第七章　制度变迁对中国经济增长的影响①

一、问题提出

自 North 和 Thomas（1973）、North（1981）等提出制度变迁与经济增长的关系问题以来，制度对于经济增长的作用机制成为研究热点，涌现了大量文献，如 Acemolu 等（2002）、Khan 和 Sokoloff（2004）、Klein（2005）等。然而多数研究关注于制度对于经济增长的某个决定因素的影响，未对引入制度变迁之后的经济增长模型给出透彻的说明，主流经济增长理论仍不包含制度分析，因而需要从理论的角度说明制度变迁对于经济增长的作用机理。同时，改革开放以来，中国经济经历了长达 30 年的高速增长，市场化的制度变迁如何影响中国的经济增长，如何继续通过体制改革来推动中国经济的持续、稳定、较快发展也是亟待研究的问题。

关于制度对于经济增长的作用机制，Doucouliagos 和 Ulubasoglu（2004）的研究表明，制度导致了各国间的人力资本积累、物质资本积累以及生产效率的差异；Acemoglu（2005）证明了在不同环境和不同的约束条件下，经济增长与制度变迁并不是总保持一致，由于各国的制度与产权保护形态存在较大差异，因此单从一国的角度来研究制度对经济增长的影响更具有现实意义。Assane 和 Grammy（2003）对制度变迁与经济增长之间的关系进行实证研究，证明了制度质量越高人均收入水平越高，间接说明经济增长水平也越高，但是并没有明确说明制度是如何度量的。Gwartney et al.（2004）涉及了制度的度量问题，用经济自由度来表示质量，检验了制度质量对投资的影响，进而影响经济增长，但是仅从投资的角度推导出制度对经济增长的影响是不全面的。

关于中国的制度变迁对经济增长的作用，柴华（2004）在柯布－道格

---

① 本章核心内容发表于 2013 年第 6 期《中国工业经济》，并被中国人民大学复印报刊资料《国民经济管理》2013 年第 9 期转载。

拉斯函数中加入制度因素，将其作为劳动与资本作用于经济时的弹性因素，得到修改后的索洛均衡结论，认为均衡的经济增长率与劳动力有关，但用制度作为劳动的弹性因素来研究制度与经济增长是不全面的。杨友才（2008，2009，2010）从一般均衡的角度出发，将制度因素引入内生经济增长模型，说明了制度质量对经济增长的影响，但并没有进行实证研究。徐向东（2006）将制度因素引入到 RBC 模型中，以此建立了北美实证研究的模拟框架，但并没有解决制度如何量化的问题，其模拟的结果也并未得出现实意义上的结论。王林辉和董直庆（2008）分析了经济增长的制度决定机制，得出初始资源禀赋和控制权结构将会影响宏观经济制度形成，从而影响到经济增长的结论，其实证检验只简单说明制度因素与经济增长之间关系，而没有描述制度冲击经济的状态特征。杜婷和庞冬（2006）对制度进行了量化，使用市场化程度、非国有化、开放程度对 GDP 增长率建立模型，分析了制度因素对经济增长率的冲击，但是其量化制度的模型过于简单。胡晓珍和张卫东（2010）则从实证角度将制度因子引入资本和劳动的产出份额，使用省级面板数据分析了制度中各因子对增长的贡献，发现制度的变化在某个阶段内是渐进式边际修改的。庞东和杨灿（2006）使用邹检验也验证了这一点，并认为制度的阶段性调整会对经济周期造成较大的影响。

尽管如此，将制度引入经济增长模型的方式只是简单假设为一个投入因素，直接加入在物质生产函数中，而没有考虑到制度变迁的特性，也缺乏对于制度对经济增长影响的实证分析。本文试图将制度变迁的过程引入生产函数，将制度分为具体的几个层次，使用熵值法将各个层次因子权重计算出来，最终计算出 1985 年到 2011 年之间相对的制度水平，之后使用向量自回归方法检验中国制度变迁对经济增长的影响程度。

二、引入制度因素的内生经济增长模型

（一）基本假设

假设 1：在没有战争与革命的相对稳定的时期，制度变迁是对环境变化的一个反应。制度的变迁一部分是依据上一个时期的制度 I_{t-1} ，另一部

分是对制度以外的其他因素冲击的反应 ε_t。假设第一期的制度为 $I_1 = \rho I_0 + \varepsilon_1$ ，经过迭代后得到 t 期的制度形式为公式：

$$I_t = \rho^t I_0 + \sum_{i=1}^{t} \rho^{t-i} \varepsilon_i \qquad (7-1)$$

其中，ρ 为本期制度相对于上期的修正系数，假设制度是进步的而不是倒退的，新制度修正力度在每一期是相同的，ρ 是一个大于 1 的常数；且 $\varepsilon_t \sim N(0, \sigma^2)$。

假设 2：制度变迁带来的资本成本可以通过资本折旧来体现，制度环境越优越，资源的使用效率就越高，同时所产生的折旧越少，假设 ρ 和 ε 均影响折旧率。T 时期的资本总折旧率可表示为：

$$\delta_t = \delta_0 + \delta(\rho_t) + \delta(\varepsilon_t) \qquad (7-2)$$

其中，δ_t 为资本总折旧率，δ_0 为自然折旧率是定值，$\delta(\rho_t)$ 和 $\delta(\varepsilon_t)$ 为制度调整所造成的折旧率。

假设 3：劳动市场完全出清，劳动力增长率是外生的，t 期劳动力供给由公式（3）表示：

$$L_t = L_0 e^{nt} \qquad (7-3)$$

其中，n 为劳动增长率，L_0 为初期劳动力供给。

假设 4：本期资本存量 K_t 由本期投资 Inv_t 与上期资本折旧剩余 $(1-\delta_{t-1})K_{t-1}$ 共同决定，即 $K_t = Inv_t + (1-\delta_{t-1})K_{t-1}$。假设每期投资量是恒定的，即 $Inv_t = Inv_0$ ，初始的资本存量为 K_0 ，则经过迭代后可得 t 期的资本存量为：

$$K_t = Inv_0 \sum_{i=1}^{t} (1-\delta_t)\cdot(1-\delta_{t-1})\cdots(1-\delta_i) + \prod_{i=1}^{t}(1-\delta_i)K_0 \qquad (7-4)$$

假设 5：生产活动为劳动、资本、技术、制度共同作用的结果。本文使用杨友才（2010）的方法，将生产分为物质生产部门与技术生产部门，社会生产资源分配到这两个部门中，且两个部门分工明确：物质生产部门的产出由劳动、资本、技术和制度决定；技术生产部门的产出由劳动、资本和制度投入决定。

（二）技术内生化的物质生产函数

假设全社会的劳动 L 中用于物质生产的比例为 ν ，用于技术生产的比

例为 $1-\nu$；全社会的资本 K 中用于物质生产的比例为 μ，用于技术生产的比例为 $1-\mu$；制度 I 是公共物品，具有非排他性和非竞用性，可以在产品生产与技术生产中独立发挥作用，其影响程度分别由 φ 和 τ 表示，$\varphi>0$，$\tau>0$。按照柯布－道格拉斯函数，物质生产函数为：

$$Y_t = F(K_t, L_t, I_t, A_t) = I_t^{\varpi}(\nu L_t)^{\alpha}(A_t \mu K_t)^{\beta} \qquad (7-5)$$

其中 $0<\alpha、\beta<1$，α 和 β 分别表示劳动和资本在物质生产过程中的相对重要性。在全部资源分配到物质生产后，将剩余劳动和资本投入到技术生产中，得到技术 A 的生产函数为：

$$A_t = I_t^{\tau}[(1-\nu)L_t]^{\lambda}[(1-\mu)K_t]^{\eta} \qquad (7-6)$$

其中 $0<\lambda、\eta<1$，λ 和 η 分别表示劳动和资本在技术生产过程中的相对重要性。将（7－6）带入（7－5）中之后可得到简化后的产出函数：

$$Y_t = F(K_t, L_t, I_t) = MI_t^{\varpi}L_t^{\varphi}K_t^{\psi} \qquad (7-7)$$

其中 $\varpi=\varphi+\tau\beta$，$\varphi=\alpha+\lambda\beta$，$\psi=\beta(\delta+1)$，$M=\nu^{\alpha}(1-\nu)^{\lambda\beta}\mu^{\beta}(1-\mu)^{\eta\beta}$，由此我们可以得出，在技术内生化的条件下，最终的物质产品产出由制度、劳动、资本三者共同决定。

引入制度的经济增长：

经济增长率可表示为 $g_t=\frac{Y_t-Y_{t-1}}{Y_{t-1}}=\frac{Y_t}{Y_{t-1}}-1=e^{\ln\frac{Y_t}{Y_{t-1}}}-1$，令 $X=\ln\frac{Y_t}{Y_{t-1}}$，经济增长率 g_t 与 X 呈正相关，因此经济增长率的特征可以通过讨论 X 得到。根据前文的假设推导可得：

$$X=\varpi\ln(\rho)+\varphi n+\psi\ln\left((1-\delta_1)+\frac{\mathrm{Inv}_0}{\mathrm{Inv}_0\frac{1-(1-\delta_1)^{t-1}}{\delta_1}+(1-\delta_1)^{t-1}K_0}\right) \qquad (7-8)$$

假设制度冲击逐步递减，制度只在第一期受到一个外部冲击 ε_1，在第二期之后制度只进行适应性修改，即 $\varepsilon_i=0$，$i=2,3,4\cdots$ 由于初期投资额需要满足抵消折旧，即有 $Inv_0\geqslant\delta_1K_0$，由此可以判断公式（7－8）有意义。由于制度冲击具有递减的持续性，所以当 $t\to\infty$ 时 $Inv_0\to\delta_1K_0$，此时（7－8）式简化为 $X=\varpi\ln(\rho)+\varphi n$。由于假设制度总是不断进步且只做修正性调整的，所以 $\ln(\rho)$ 是一个大于 0 的常数，而我们假设人口增长率在一定时期内保持不变。因此，X 将趋于一个常数，经济以一个平稳速度增长，增长率由制度修正系数、人口增长率以及制度与劳动在宏观生产函数中的贡献率共同决定。虽然本模型为内生经济增长模型，但又回到了索洛模型的基本结论，即经济增长由外生因素决定，因为制度修正系数、人口增长率以及制度与劳动在宏观生产函数中的贡献率等指标不是由本模型决定。

通过上述分析，我们得到以下重要命题：

第一，制度变迁对于经济增长的影响不是一次性的，而是一个累积性的过程，制度变迁有益于经济的持续增长。无论制度变迁的动力来自内部还是外部，在制度冲击产生之后，会在若干时期内不断修正，正是由于存在这种累积性的修正过程，制度变迁才对经济增长有正向推动作用。反之，若缺乏对制度的修正与调整，即$\rho = 1$，那么制度变迁对于长期经济增长不发挥作用，稳态增长路径将复归到简单索洛模型的状态，外生的人口增长率将决定经济增长路径。因此，在某种意义上可以认为，制度变迁没有终极目标，改革不能中止，倘若一个社会丧失改革的动力，经济将陷于停滞。对于实现经济的可持续增长目标而言，除了通常关注的人口、资源、环境等因素外，制度变迁也是一个非常重要的影响因素。

第二，制度与劳动在宏观生产函数中的贡献率越高，经济增长率就越高。按照前文得出的稳态经济增长方程，在制度修正系数与人口增长率既定的情况下，制度与劳动的贡献率ϖ和φ与经济增长率呈正相关关系。因而提高二者的贡献程度，特别是提高制度对生产的贡献率，建立促进经济增长的制度体系，具有至关重要的意义。

第三，对制度进行规则化的修正与调整对于经济的平稳增长是非常重要的。如果制度变迁缺乏稳定的规则，出现随机化、随意化的制度供给，制度修正系数ρ就将发生跳跃性的突变，最终将导致经济增长率出现剧烈的波动，无法走向稳态增长路径。因而任何一项改革措施的出台，必须遵循系统的规则，符合规范合理的程序，对于制度的调整应使经济主体有一个稳定的预期，才能保持经济的平稳增长。而制度确定规则的缺乏与失范，恰恰是中国经济体制改革过程中面临的重要问题。

第四，在包含制度因素的技术内生化经济增长模型中，经济增长率取决于制度变迁的修正系数、制度对折旧率的影响、人口增长率、制度对环境冲击的反馈、初始资本存量、年度新增投资量等，如（8）式所示。特别地，如果制度变迁依靠内部调节而忽略外部环境冲击，则最终经济增长会收敛为人口增长率与制度变迁的自然速率。当人口增长率下降的时候，要提高经济增长率，就必须提高制度变迁率，正因如此，在中国人口自然增长率下降、人口老龄化比例不断上升的大背景下，中国经济的新一轮增长动力将源于制度变迁的力量，这便是通常所说的改革红利。

此外，假设中隐含了制度可以通过影响资本折旧率来影响经济增长的条件。根据假设2，制度变迁带来的资本成本可通过资本折旧来体现，制度环境越优越，资源的使用效率就越高，所产生的折旧越少。而在资本积累方程（7－4）式中可以看出，每期的资本调整既受到上期资本存量的影响，也受到当期投资、折旧率的影响。因此可知，制度对经济增长的作用既可以直接体现在技术产出与物质产出的产出效应上，也可以通过影响资本折旧率来影响资本使用效率间接对经济增长产生影响。

三、基于VAR模型检验中国制度变迁对经济增长的影响

（一）变量选择与描述

1. 制度指标的构建

①构建方法——熵值法。在建立一个综合指标体系的过程中，首先需要确定指标体系中各指标的权重，普遍采取的方法有主观赋权法和客观赋权法。主观赋权法是指根据主观的重视程度来决定各指标权重的方法，如“Delphi法、AHP法”；客观赋权法是源于客观环境所提供的原始信息来决定指标权重的方法，如“聚类分析、熵值法”。使用“熵值法”来确定权重，使权重的确定更为客观科学。熵值法在社会系统应用时是指信息熵，其数学含义与物理学中的热力学熵等同，是指系统无序状态的一种度量。一般认为信息熵值与系统结构的均衡程度成正比，熵值的大小即为各指标的变异程度，因此根据熵值可以计算出各指标的权重。为了避免人为的主观影响，本文使用数据的完整样本，采用熵值法（陈明星，陆大道，2009）构建制度综合指标。

第一，正规化处理。最终合成的指标来源于不同层次的指标体系，各个层次的具体指标值 X_{ij} 的量纲与数量级均有差异，将这些不同量纲、不同数量级的指标正规化之后，才具有横向的可比性与实用性。同时这也是构

建综合指标体系必要的基础工作。

在正规化过程中，需要区分指标大小走向对整个系统的意义。当单个经济指标的值越大对制度体系发展越有利时，采用正向指标计算方法：

$$\chi_{ij} = \frac{X_{ij} - \min\{X_j\}}{\max\{X_j\} - \min\{X_j\}} \tag{7-9}$$

而当单个经济指标的值越小对制度体系发展越好时，则采用负向指标计算方法处理，即为：

$$\chi_{ij} = \frac{\max\{X_j\} - X_{ij}}{\max\{X_j\} - \min\{X_j\}} \tag{7-10}$$

其中 $\max\{X_j\}$ 为所有年份中指标值的最大值，$\min\{X_j\}$ 为所有年份中指标值的最小值，χ_{ij} 为正规化之后的指标值。

第二，计算第 i 年的第 j 项指标值所占的比重，使用 ϖ_{ij} 表示，其中 $\varpi_{ij} = \frac{\chi'_{ij}}{\sum_{i=1}^{m}\chi'_{ij}}$。

第三，计算指标信息熵及冗余度。定义指标的信息熵为 e_j，$e_j = -\frac{1}{\ln m}\sum_{i=1}^{m}(\varpi_{ij} \times \ln\varpi_{ij})$，$0 \leqslant e_j \leqslant 1$；信息熵冗余度为 d_j：$d_j = 1 - e_j$；m 为要评价的年数。

第四，根据信息熵冗余度计算指标的权重 $w_j = \frac{d_j}{\sum_{j=1}^{n} d_j}$。

第五，得到每个指标在总评分中的权重之后，则单个制度指标在第 i 年的评分就可以通过其权重 $\mathrm{w_i}$ 与指标 j 的正规化值乘积得到，得到 j 项指标在 i 年的分值 $\mathrm{S_{ij}} = \mathrm{w_i}\chi_{\mathrm{ij}}$。

第六，得出第 i 年制度系统的各个指标分值之后，通过求和的方式计算总的制度水平得分，计算公式为 $S_I = \sum_{j}^{n} S_{ij}$，$n$ 为评价体系中所有层次下所选指标的个数。

②构建制度指标体系。制度指标需要选取相关的经济指标进行综合评价。将制度指标细分为市场化程度、产业结构、开放程度、城市化水平以及受教育水平五个方面，并选取表 7－1 中所列的经济指标构建制度体系，并对各指标进行分析：

表7-1　所选指标体系

市场化程度	私有固定资产投资比重
	非国有企业产值/GDP
	非国有单位就业人数/总就业人数
产业结构	第三产业产值/GDP
	第三产业就业人数比重
开放程度	固定资产投资中外商投资额所占比重
	进出口总额/GDP
	实际利用外资总额（亿美元）
	外汇储备（亿美元）
	对外合作金额（亿美元）
城市化水平	城镇人口/总人口
	城镇固定资产投资/总投资
受教育水平	普通高校毕业生/总人数

注：指标根据《中国统计年鉴2012》的统计指标进行选取

第一，市场化程度。与其他学者的研究类似（宋德勇1999；金玉国，2001；王文博等，2002；叶飞文，2004），本文选择市场化程度作为制度的一个重要代理变量。由于改革开放以来，中国最为重要的制度变迁是由计划体制向市场体制的转轨，市场化程度可以很好地反映这一特征。在市场经济体制基本确立之后，制度变迁会逐渐趋于均衡，变迁速度将逐渐趋于零。本文选取私有固定资产投资比重、非国有企业产值占GDP比值、非国有单位就业人数占总就业人数比重这三个指标对市场化程度进行衡量。从1985年到2011年，随着市场经济体制的逐步确立，国有企业改革进程不断推行，私有固定资产年度投资额比重逐年上升，并在2011年达到91.4%的比例；非国有企业产值占GDP比重与非国有单位就业人数占总就业人数比重也在逐年上升。在改革的市场经济体制取向逐步确定之后，更呈现出明显上升趋势，其中非国有单位就业人数随着时间推移的正向趋势更加明显。

第二，产业结构。产业制度的变化也是在中国制度变迁中非常重要的，有些研究曾使用工业水平作为制度的代理变量（宋德勇，1999）。本文在衡量产业结构制度的时候，欲选用各产值比重、各产业就业人数比重这两个指标来进行衡量，发现在过去的20多年间，由于第一产业比重指标是逐渐下降的趋势，而第二产业的比重在过去的20多年较为平稳，第一产业与第三产业存在此消彼长的关系，因此选用第三产业的指标作为产业制度的指标，方便制度指标体系的合理构建。具体指标为第三产业产值占GDP的比重和第三产业就业人数在总就业人口中的比重。

第三，开放程度。开放程度的不断提高是中国制度变迁的一个重要内容。本文选取固定资产投资中外商投资额所占比重、进出口总额占GDP比重、实际利用外资总额、外汇储备、对外合作金额这五个指标对开放程度进行衡量。在该指标体系中，进出口总额占GDP比重体现了中国在世界贸易中的参与程度，这一比例随着市场经济改革的进行而逐渐增多，在2007年由于受到世界经济恶化的影响下跌，后于2009年逐渐回升；中国外汇储备总额持续上升，并在中国加入世界贸易组织后迅猛增加，于2011年达到31810.21亿美元；实际利用外商投资额在统计年份中均表现出逐年上升的趋势；固定资产投资中外商投资额所占比重在经过1995年的迅猛增加之后出现逐渐减缓的趋势。

第四，城市化水平。城市化水平反映了一个国家城市与农村的基本结构，可以看做一个重要的制度变量。本文选取城镇人口比重与城镇固定资产投资比重这两个指标进行衡量。由于城市化水平指标的构建方法各异，也有专门的文章对城市化水平的指标进行构建，其中也有运用熵值法对城市化水平进行拟合的。因此如果直接借鉴其他城市化水平的综合指标，放入制度指标体系，并在制度指标中继续使用熵值法，会由于迭代而使信息失真，因此选用这两个比较重要的指标进行衡量。

第五，受教育水平。由于劳动者的受教育程度会影响整个经济的发展，因而教育制度在长期中，对经济增长有着长远而深刻的影响，随着20世纪90年代末教育制度的改革，各高等院校扩招，最直接的体现就是受教育的人数有很大提高，因而选取大专以上普通高校学生和与总人口之比来衡量受教育水平，2000年以前的高等教育人口所占比重变化不大，均在0.0002以下，2000年之后高等教育人口比重逐渐上升，2011年达到0.0092水平，但是总体人口高等教育普及率还不足1/100。

确立制度体系指标后，需要进行制度体系的综合评价，我们构建制度指数的基本思路是，通过熵值法替代主观的评价指标权重的办法来算出具体某年某个指标的权重，在此基础上计算出年度总得分。计算结果见表7－2。

表 7－2　制度水平指数

时间	制度得分 I	时间	制度得分 I
1985	0.1020	1999	0.4695
1986	0.0422	2000	0.4913
1987	0.0444	2001	0.5329
1988	0.1462	2002	0.5730
1989	0.1162	2003	0.6199
1990	0.1341	2004	0.6521
1991	0.1556	2005	0.6875
1992	0.1771	2006	0.7385
1993	0.2162	2007	0.7921
1994	0.3362	2008	0.7915
1995	0.3824	2009	0.8249
1996	0.3903	2010	0.8842
1997	0.4354	2011	0.9274
1998	0.4648		

注：从选取的变量看，制度水平逐年提高。在选定期内，制度水平高低表示的是一个相对水平，而不是一个绝对量。由于选取的指标都进行了正规化，因此制度水平的评分在（0，1）之间。

资料来源：熵值法计算

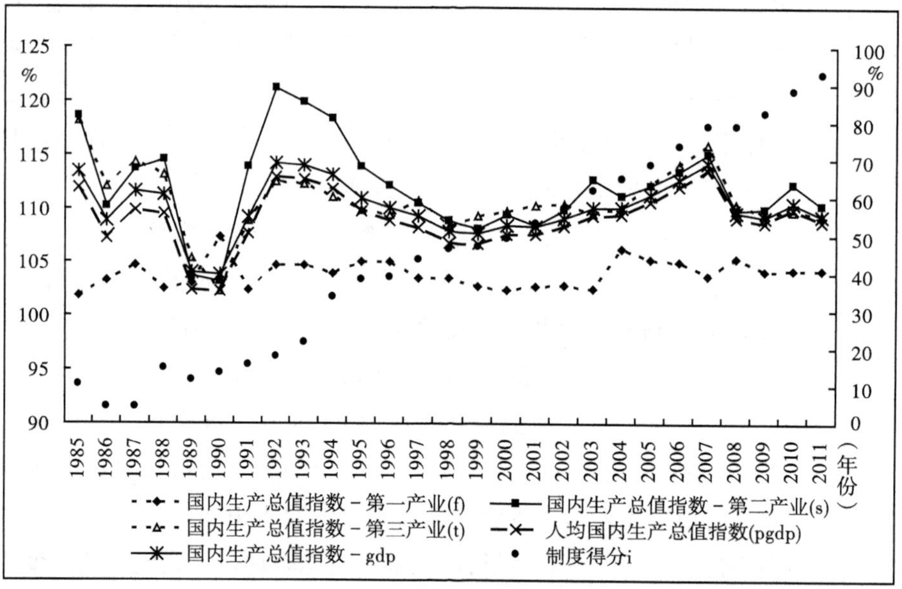

图 7－1　经济增长率变动情况（左侧纵轴）与制度水平（右侧纵轴）（%）

数据来源：国泰安数据（其中按不变价格计算上年＝100）

2. 经济增长率

以 GDP 增长率（lngdp）、人均 GDP 增长率（lnpgdp）、第一产业增长率（lnf）、第二产业增长率（lns）以及第三产业增长率（lnt）这五个指标作为经济增长率。图 7－1 显示第二产业增长率波动最大，而第一产业增长率、第三产业增长率、人均国内生产总值增长率波动比国内生产总值增长率平缓。从时间上来看，波动在 1985 年到 1995 年之间表现得更频繁。1996－2007 年经济波动幅度处于平缓阶段，2008 年经济危机来袭，各变量的波动性又开始显著。

（二）向量自回归（VAR）实证方法准备

在进行传统回归分析的过程中，需事先确定外生变量与内生变量，而在变量之间存在相互影响的系统中，明确地区分外生变量与内生变量十分困难，识别错误会带来错误的结论。因此，在研究各因素对经济增长影响的复杂系统里，需要将这些变量放到一起，作为一个整体来预测，以得到合理的预测结果，这便是 Sims（1980）提出的向量自回归模型（Vector autoregression，记为 VAR）。将经济增长率与制度水平（lni）两个因子构建为二元向量自回归系统模型，其中经济增长率分别用 GDP 增长率（lngdp）、人均 GDP 增长率（lnpgdp）、第一产业增长率（lnf）、第二产业增长率（lns）以及第三产业增长率（lnt）表示。系统的基本结构为：

$$\begin{cases} y_{1,t} = \beta_{10} + \beta_{11} y_{1,t-1} + \dots + \beta_{1p} y_{1,t-p} + \gamma_{11} y_{2,t-1} + \dots + \gamma_{1p} y_{2,t-p} + \varepsilon_{1t} \\ y_{2,t} = \beta_{20} + \beta_{21} y_{1,t-1} + \dots + \beta_{2p} y_{1,t-p} + \gamma_{21} y_{2,t-1} + \dots + \gamma_{2p} y_{2,t-p} + \varepsilon_{2t} \end{cases}$$

其中，ε_{1t}、ε_{2t} 为白噪声过程。此方法可根据历史数据分析经济增长率与制度之间的动态特征，除兼有时间序列及普通最小二乘方法的优点外，还可以研究在某一时刻一个变量出现随机冲击后对另一个变量的冲击效应，即脉冲响应分析。

表 7－3　单位根检验结果

变量	检验形式 (c，t，k)	截距	时间趋势	ADF 值	1% 临界值	5% 临界值	10% 临界值
lngdp	(c，0，1)	有	无	－3.8890***	－3.75	－3	－2.63
lnpgdp	(c，0，1)	有	无	－3.7120**	－3.75	－3	－2.63
lnf	(c，0，0)	有	无	－4.8570***	－3.75	－3	－2.63
lns	(c，0，1)	有	无	－4.000***	－3.75	－3	－2.63

续表

变量	检验形式（c，t，k）	截距	时间趋势	ADF 值	1%临界值	5%临界值	10%临界值
lnt	（c，0，1）	有	无	-3.8060***	-3.75	-3	-2.63
lni	（c，0，0）	有	无	-3.7900***	-3.75	-3	-2.63

注：c 表示有常数，0 表示无趋势，*** 、** 分别代表显著水平在 1%、5% 的显著水平下拒绝单位根检验。

单位根检验的结果显示所有变量都是平稳的，使用 Stata11 将五个经济增长率指标分别与制度指标建立方程，进行 VAR 估计，估计结果见表 7-4。

表 7-4　VAR 中阶数选择

VAR	LR	FPE	AIC	HQIC	SBIC
lni - lngdp	4	4	4	4	4
lni - lnf	4	4	4	4	1
lni - lns	4	4	4	4	4
lni - lnt	4	4	4	4	4
lni - lnpgdp	4	4	4	4	4

表 7-4 分别给出了五个方程应选择的滞后阶数，确定滞后阶数为 4。进行 4 阶向量自回归，无论是单一的方程还是整体，其估计结果都通过了显著性检验，残差服从正态分布且不存在自相关，同时五个方程的单位根均在判别图圆内。五个方程的格兰杰非因果检验识别结果如表 7-5 所示：

表 7-5　格兰杰非因果识别结果（95%）

原假设	chi2	df	Prob > chi2
lni 不是 lngdp 的 granger 原因	88.2720	4	0
lngdp 不是 lni 的 granger 原因	25.1600	4	0
lni 不是 lnpgdp 的 granger 原因	88.3160	4	0
lnpgdp 不是 lni 的 granger 原因	48.1790	4	0
lni 不是 lnf 的 granger 原因	10.9650	4	0.0270
lnf 不是 lni 的 granger 原因	0.9810	4	0
lni 不是 lns 的 granger 原因	64.9480	4	0

续表

原假设	chi2	df	Prob > chi2
lns 不是 lni 的 granger 原因	5. 5091	4	0. 2390
lni 不是 lnt 的 granger 原因	45. 1230	4	0
lnt 不是 lni 的 granger 原因	135. 1500	4	0

表 7 -5 结果中除了“lns 不是 lni 的 granger 原因”没有被拒绝之原假设外，其余原假设均被拒绝，也就是说制度是上述变量的格兰杰原因。

（三）VAR 脉冲响应

根据前文数据进行处理，得出 VAR 脉冲响应图如下：

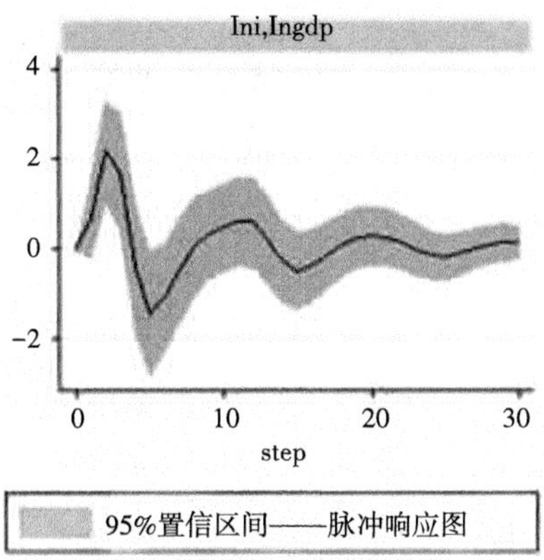

GDP增长率对制度的脉冲响应

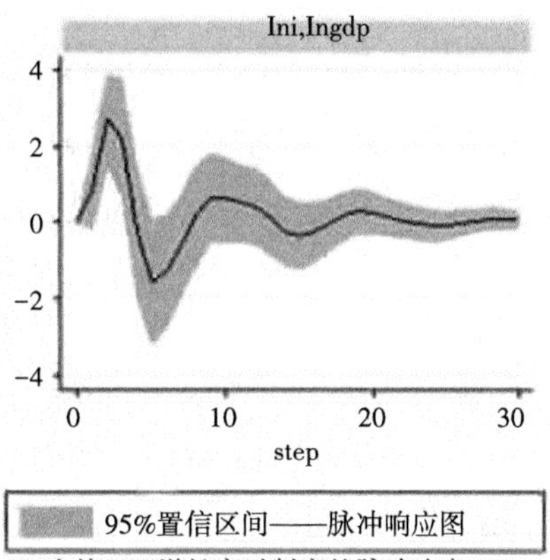

人均GDP增长率对制度的脉冲响应

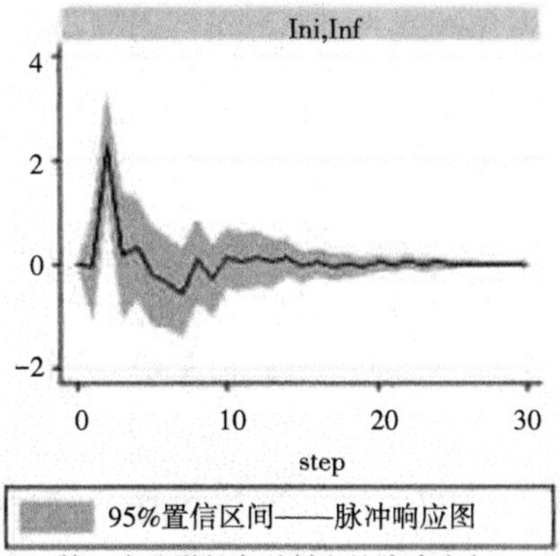

第一产业增长率对制度的脉冲响应

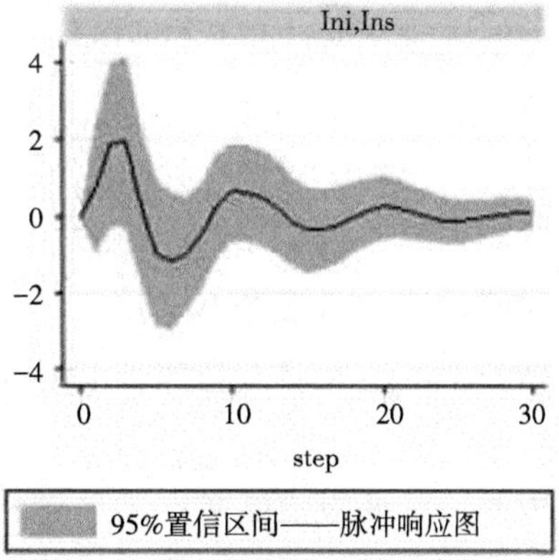

第二产业增长率对制度的脉冲响应

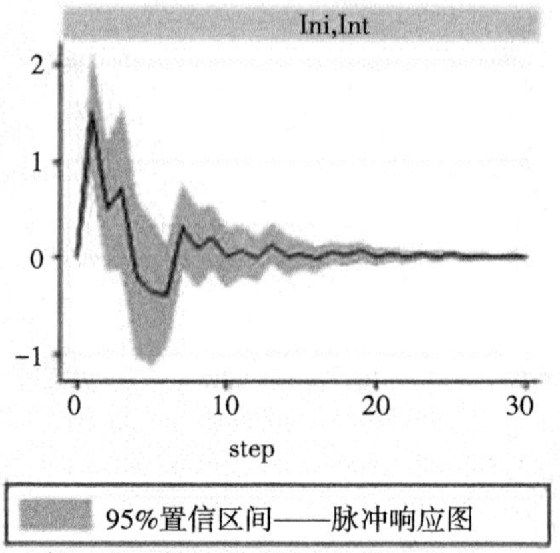

第三产业增长率对制度的脉冲响应

图 7 –2 脉冲响应结果

根据以上研究，可以从不同视角描述制度变迁对经济增长的影响。从图 7 –2 可以看出，制度变迁对经济增长，在开始时有正效应的冲击，而且冲击效应相对较大，然后此效应回调，超过零边界，变成负效应，对经济增长产生阻碍，随后便微调回到了平稳的状态。

从脉冲响应结果发现，制度冲击对经济增长具有显著的振荡作用，同时不同产业之间呈现出不同的特征。由图 7 –2 可知，在第一期出现了制度冲击之后，GDP 增长率在前 10 期内波动明显，受到制度冲击的影响较显著；在 10 期到 30 期之间，GDP 增长率的振荡幅度逐渐减小，制度变迁对总经济增长率的影响逐渐趋于稳定状态；在 30 期之后 GDP 增长率振荡的幅度逐渐趋于 0。制度变迁对于人均 GDP 增长率的影响过程与此类似。制度变迁对不同产业的增长率的冲击作用则呈现出不同的特征：第一、二产业经济增长率对制度冲击的反应比第三产业更为强烈，当发生制度冲击后，第一、二产业短期内振幅比第三产业的振幅大 0. 5 个标准差。

从制度冲击的时间效应来看，第一、三产业的增长率受到冲击影响大，时间较短，通常在 10 期之后，影响就趋于稳定并逐渐消失，而第二产业的增长率的波动状态类似于 GDP 增长率，时间周期明显长于第一和第三产业。

因此，实证检验的基本结果是，制度冲击对中国经济增长具有较长时期的效应，同时在不同产业之间呈现出不同的影响，制度冲击在第二产业中持续的作用时间比较长，波动程度相对较大；第一产业对制度冲击的敏感性较弱，持续的作用时间较短；制度冲击对第三产业经济增长率具有显著的正向作用，而这种作用在第一产业与第二产业表现不明显。

三大产业的经济增长率的波动存在不同特征的原因主要有以下几个方面：第一，由于对资本的依赖性不同，第一产业和第三产业资本依赖程度较小，产业资本运营周期相对较短，因此在受到制度冲击后，可以做出快速调整，回到原有的稳定水平，而第二产业的增长率对资本的依赖程度较高，资本运营周期较长，因此波动的周期较长；第二，由于政府注重程度不同，国家仍然重视工业发展，整个宏观经济水平有很大一部分是由工业构成，因此制度的变迁通常对第二产业有很大影响，其增长率波动期较长，且与 GDP 增长率的冲击效应相似；第三，由于第三产业市场化程度相对较高，因此对制度冲击的调整更及时，波动的持续时间较短；第四，第二产业增长率对制度变迁的冲击反应与 GDP 增长率基本吻合的这种特征，与产业内部调整具有适应性有关。

将实证检验与数理推导相结合，我们发现，制度冲击对总体经济的正向作用较强。在图 7－2 中，制度冲击发生之后经济正向波动幅度比负向的幅度要大，同时制度冲击带来的正增长效应所占的时间长于负增长效应所占的时间。制度冲击对各项经济增长率的影响都在若干时期后趋于平稳，这与前文数理部分的结论相一致，即公式（7－8）所显示的，在制度变迁发生若干期之后，经济增长率将会保持一个稳态值。

四、结论及建议

（一）结论

本文构建了包含制度因素的宏观生产函数，获得经济长期稳态增长的条件，并且利用熵值法建立了制度指标，采用 VAR 模型对中国制度变迁与经济增长之间的相关关系进行了实证检验。得到以下基本结论：

（1）制度是影响经济增长的一个重要的外生冲击因素，二者存在明显的相关关系。制度变迁对经济增长的影响路径主要有：第一，制度调整的速率，通过增长率方程可以发现，制度修正系数对经济增长具有长期效应；第二，制度对外部冲击的吸收程度，即经济制度对外部环境变化的适应程度与反馈效应；第三，制度对于宏观产出的贡献程度。

（2）在没有外部干预的情况下，经济增长将处于稳态路径。本文分析发现，如果冲击只是发生在第一期，同时每期只进行制度适应性修改，而不做出对外界环境冲击的响应，此时经济增长率将随着时间的推移趋近一个常数值。由于制度的冲击效应是递减的，因此，经济增长在制度修正系数为常数时是平稳的，因而制度修正系数的相对连续性与稳定性对于经济增长是重要的。在制度环境剧烈变换的经济体中，经济增长与制度之间的相互适应性较差，制度剧烈变动之后使得资本调整的成本增大，而从直接导出的增长率来看，制度修正系数发生跳跃性改变，经济增长率也会发生跳跃性改变，从而导致经济出现大幅度波动。

（3）若忽略外部因素对制度产生的冲击，随着时间的推移，经济增长率最终收敛为劳动力增长率与制度修正系数，而对于人口红利逐渐消失的中国，这是极其不利的。所以中国仍应加大改革力度，进一步深化经济体制改革、适时进行政治体制改革对于中国发展具有深远的意义，利益固化、制度固化、社会结构固化将阻碍经济的持续增长。

（4）总体来说，制度冲击对于经济增长的正向作用强于负向作用，但对于不同产业的影响力度与影响时期是不同的。因而在制度设计与实施的过程中，必须要考虑到产业间的差异性，才能推动产业结构的合理调整，实现各产业的协调发展。

（二）建议

本文结论肯定了制度变迁对经济的影响，结合制度指标体系中的各代理变量和研究结果，以及中国的现实情况，对制度的改革发展提出以下建议：

第一，保持稳健化、规则化的制度变迁过程。理论模型表明，制度在一次变迁后如不再做出调整，经济增长将趋于一个常数。在本文分析中假设制度变迁的修正系数是恒定的常数，认为制度的变迁过程是稳健的，实证研究也表明制度变迁对经济增长的冲击作用十分明显，倘若制度修正系数变动过于剧烈，那么冲击将会十分剧烈，对经济的健康发展不利。因此，我们建议中国的制度改革措施应保持稳健化、规则化，避免朝令夕改式的制度变化，使经济主体确立对制度变迁过程的稳定预期，才能有效地减弱非规则的制度变迁对经济增长的冲击，实现经济平稳增长。政府是制度的供给者，各类经济主体是制度的需求方，二者在制度变迁过程中的地位是不对称的，如果政府以自身利益最大化为目标，则无法避免随意化、随机化的制度供给。因此要通过稳健的制度创新来推动经济增长，制度供给规则必然是以满足制度需求者的要求为出发点，这需要提高需求者在制度均衡实现过程中的谈判能力。

在当前新的经济发展阶段，要保持稳健的制度变迁进程，就必须既要避免休克疗法式的社会变革，又要减少摸着石头过河式的改革措施，因为前者无法保持制度的稳定性，后者无法排除随机化的制度供给，二者都可能会给经济增长过程带来较大的负面冲击。因而，制度变迁过程需要科学、系统、全面的制度设计，需要建立制度实验、推广的规则与机制。经济体制改革不仅要着眼于短期目标，更要着眼于长期经济增长目标，需要通过科学严谨的制度设计来为未来中国的长期发展奠定基础。同时，制度对于外部环境冲击也要做出适当的响应，在市场经济体制下进一步加深我国与世界经济的融合程度，深化国有企业改革，深化金融体制、财税体制、人民币汇率制度改革等、加快推进户籍制度改革等等，不断提高制度对外部环境冲击的吸纳能力。随着中国人口红利的消失，深化经济体制改革所蕴藏的改革红利在经济增长过程中的作用将日趋重要，坚持规则化的稳健的制度变迁过程才能使我国经济增长持续健康发展。

第二，坚持市场化的制度取向。在制度指标体系中，市场化程度是一个重要指标。实证分析也表明，市场化程度对经济增长有正向的刺激作用，从计划体制到市场体制的转轨使得中国经济高速增长。然而近些年来，中国经济增长基本上由政府主导，市场化程度没有进一步提高，国有企业行政性垄断程度不断加强，许多行业出现了国进民退的现象，市场化改革带来的红利逐步消失，经济体制与经济发展不相适应的矛盾逐渐显现。在政府主导的经济增长过程中，由于金融体制、财税体制改革的滞后，仍存在着偏爱国有企业轻视民营企业、重视制造业忽视服务业、重视大企业轻视中小企业的倾向，政府利益取向的经济体制导致了经济利益的固化，严重阻碍着市场竞争程度的提高。因此，规范政府行为，降低政府对经济的干预程度，大力推进反垄断立法，维护公平公正的市场经济体系，是完善市场经济体制进程中必须坚持的改革方向。

继续推进市场化的改革，首先需要明确政府的职能，界定政府与市场的界限。这一问题虽然由来已久，但始终未能得到有效的解决。近年来，各级政府直接控制资源配置的权力日益强化，对微观经济活动的直接干预愈加频繁，寻租活动愈加表现为固化的制度安排，使得腐败行为蔓延，社会矛盾激化。市场化的改革，就是要减少政府对于微观经济活动的直接干预，将其从经济活动的直接参与者转变为制度与规则的供给者，减少各级政府的行政审批事项，使市场发挥配置资源的主导作用。其次，放松政府对市场信号的管制，推进利率市场化等方面的改革，使价格信号能够准确地反映市场供求关系的变化，通过价格信号的灵活波动来引导资源的有效配置。再次，减少行政性垄断，改变公共资源的私人化、部门化占有格局，推进国有企业改革，完善国有企业的公司治理制度。

第三，以制度创新来不断提高科技创新能力和水平。研究表明，在其他条件不变的情况下，制度对经济增长的正向冲击逐渐消失。在目前中国人口增长率不断降低的情况下，需要找到新的经济增长动力，最有效的方法就是提高科技创新能力和科技水平。因此必须加快中国法律和产权制度的建设，保护企业和个人在科技创新活动中的各项权益，才能有效地调动各种经济主体科技创新的能动性，从根本上实现经济的持续快速增长。实证分析中教育制度作为制度指标体系中的一个代理变量，对经济增长也有正向激励作用。教育制度和政府的教育政策通过影响社会的知识存量从而对经济增长产生作用。在传统的增长模式下，中国经济增长的主要推动力量是投资，技术进步主要依靠干中学，科研创新体制有待完善，技术进步与投资的良性互动机制没有形成，技术进步对增长的拉动缺乏后劲。因此，要大力推进教育体制、科研体制的改革，提高整个社会的创新能力和科技水平。

第四，以制度创新提高劳动要素质量。在人口增长率不断降低以及制度不再更新的情况下，经济增长率将不断降低，经济处于停滞状态，这种分析是以劳动要素的质量既定的前提下得出的。随着中国老龄化加剧、第一产业过剩劳动力减少，劳动力成本优势逐渐消失，要保持经济的持续增长，需要不断提高劳动投入的质量，以提高劳动生产率来带动经济增长，而这需要制度的创新予以配合。首先是教育制度的完善，目前作为准公共物品的教育供给缺乏效率，表现为优质教育资源配置失衡、教育结构不合理、针对普通劳动者的教育与培训短缺、学校人才培养与社会需求脱节等方面，迫切需要通过教育制度的改革来提高促进人力资本的积累，提高劳动力的质量。其次需要建立促进就业的制度安排，完善中国的社会保障体系，通过改善社会保障来促进人力资本积累，提高对劳动要素的利用效率，使人口因素促进经济增长的效果最大限度地发挥出来。同时，在短期内劳动要素质量难以迅速提高的情况下，应改革现有的退休制度，实施适当的弹性退休制度，增加劳动力资源的使用，延缓人口老龄化带来的社会保障压力与劳动力资源萎缩。

第五，确立各产业间协调发展的制度安排，实行逆经济周期的制度改革措施。由于制度冲击对第一产业、第二产业和第三产业的影响不同，因此在制定产业政策措施时应综合考虑对各产业的影响，共同促进经济健康发展。随着我国人口老龄化加剧，未来廉价劳动力稀缺是必然的趋势，因而产业升级的过程应当提前到人口红利消失殆尽之前，减小劳动力供求之间的摩擦，改变主导行业对低成本劳动力的过度依赖，提高产业的科技含量与专利含量，摆脱低端微利的现状。与此同时，考虑到我国老龄化的社会现状，培育与老龄化相关的新兴产业，既从减轻社会负担的角度出发来创造就业岗位与为养老提供良好环境，也可以在某种程度上促进经济发展。根据实证研究的结论，制度冲击在一个上升后会带来经济的下行，因此在制定具体的政策或对制度进行调整时应交替进行，才能保持经济持续快速增长。由于制度变迁本身对经济产生扩张和紧缩效应，因此在推出新的制度前，需考察当前经济形势，正确判断制度变迁对宏观经济可能带来的影响，尽量制定与周期波动逆向运行的制度，即当经济上行时推出成本较大的制度改革措施，通过增长消化制度成本，相反，在经济下行时则出台带有经济扩张作用的改革措施。

总之，过度依赖廉价劳动力的低成本经济增长时代已经过去，而中国经济增长的潜在制度红利还尚未充分发挥出来，需要在保持制度稳定性、连续性的基础上不断修正，及时吸收外部环境冲击，通过规则化、系统化的制度变迁过程，来促进经济的持续、稳定、协调、较快增长。

（三）进一步研究方向

本文在以下几个方面可以继续深入研究：一是在制度量化的过程中，

本文只选取了5个方面的制度、13个经济指标建立了制度指标体系，但是分析制度对经济的影响，仅用13个经济指标似乎有些片面，然而构建过于复杂的制度指标体系，容易产生很大的相关性以及其他问题，这方面的问题可以在未来改进；二是本文的研究建立在一系列的假设之上，现实中，由于制度变迁过程中各项具体政策具有时滞性，致使现实情况并不符合假设条件，而且制度冲击并不只有一次，而是反复、交叠进行的，在上一期制度变迁的冲击影响还未消除之前，就可能产生新的冲击，以此对于交叠式制度变迁的研究也是下一步的研究方向；三是本文假设制度修正系数为外生变量，如何将其内生化，也值得我们进一步研究。

参考文献

[1] North, Douglas C. and Robert P. Thomas, The Rise of the Western World: A New Economic History [M], Cambridge University Press, 1973.

[2] North, Douglass C. , Structure and Change in Economic History [M]. New York Norton, 1981.

[3] Acemoglu, D. , Simon J. and James R. The Rise of Europe: Atlantic Trade, Institutional Change and Economic Growth [EB/OL]. http://www.nber.org/papers/w9378, 2002.

[4] Khan, B. Zorina and Kenneth L. Sokoloff. Institutions and Technological Innovation During the Early Economic Growth: Evidence fromthe Great Inventors of the United States, 1790 - 1930 [EB/OL]. http://www.nber.org/papers/w10966, 2004.

[5] Klein, Michael W. Capital Account Liberalization, Institutional Quality and Economic Growth: Theory and Evidence [EB/OL]. http://www.nber.org/papers/w11112, 2005.

[6] Doucouliagos, Chris and Mehmet Ulubasoglu, Institutions and Economic Growth: A Systems Approach [J], Econometric Society 2004 Australasian - Meeting [EB/OL]. http://repec.org/esAUSM04/up. 29323. 1076501864. Pdf. 2004.

[7] Acemoglu, Daron, Constitutions, Politics and Economics: A Review Essayon Persson and Tabellini's "The Economic Effects of Constitutions" [EB/OL]. http://www.nber.org/papers/w11235, 2005.

[8] Assane, D. , A. Grammy, Institutional Framework and Economic Development: International Evidence [J]. Applied Economics. 2003, (35).

[9] Gwartney, Holcombe and Lawson, 2006, Institutions and the Impact of Investment on Growth [EB/OL], Kyklos, Vol 59, No. 2, pp. 255 - 273. http://www.pubchoi -

cesoc. org/papers2005/Gwartney Holcombe/Lawson. pdf.
[10] Sims, C. Macroeconomics and Reality [J], Econometrica, 1980 (48).
[11] 柴华. 从经济增长模型的演变看制度对经济增长的影响 [J]. 科技进步与对策, 2004 (6).
[12] 杨友才. 制度与经济增长：一个数理模型分析 [J]. 山东大学学报 (哲学社会科学版), 2008 (1).
[13] 杨友才. 引入制度因素的经济增长模型与实证研究 [D]. 博士学位论文, 山东大学, 2009.
[14] 杨友才. 包含制度因素的两部门经济增长模型 [J]. 山东大学学报 (哲学社会科学版), 2010 (3).
[15] 徐向东. 用真实经济周期模型比较制度变迁的影响——一个实证研究的框架 [J]. 统计与决策, 2006 (6).
[16] 王林辉, 董直庆. 制度内生化均衡过程和中国经济增长制度有效性检验 [J]. 数量经济技术经济研究, 2008, (3).
[17] 杜婷, 庞东. 制度冲击与中国经济的周期波动 [J]. 数量经济技术经济研究. 2006 (6).
[18] 胡晓珍, 张卫东. 制度作用于经济增长的途径及其量化研究 [J]. 华中科技大学学报 (社会科学版), 2010, (5).
[19] 庞东, 杨灿. 中国经济周期波动的制度冲击效应分析 [J]. 财经问题研究, 2006 (3).
[20] 陈明星, 陆大道, 张华. 中国城市化水平的综合测度及其动力因子分析 [J]. 地理学报, 2009 (4).
[21] 宋德勇. 工业化、市场化、国际化与中国经济增长 [J]. 华中理工大学学报 (社科版) 1999 (3).
[22] 王文博, 陈昌兵, 徐海燕. 包含制度因素的中国经济增长模型及实证分析 [J]. 当代经济科学, 2002 (2).
[23] 金玉国. 宏观制度变迁对转型时期中国经济增长的贡献 [J]. 财经科学, 2001 (2).
[24] 叶飞文. 要素投入与中国经济增长 [M]. 北京大学出版社, 2004.